JN160483

赤松小三郎と もう一つの 明治維新

テロに葬られた立憲主義の夢

関 良基

作品社

赤松小三郎ともう一つの明治維新

——テロに葬られた立憲主義の夢

第2章　赤松小三郎の憲法構想　75

第3章 明治維新神話とプロクルステスの寝台 115

第4章　そして圧政に至った　149

第5章　長州レジームから日本を取り戻す　171

〔はじめに〕

消し去られた政治思想家

現行憲法の精神の源流をたどると、そのルーツはどこまで遡ることが可能であろうか。「日本で初めて議会制民主主義を建白した人物は誰だろうか？ またそれはいつ頃のことであろうか？」。日本人にこういう質問をしたら、どのような回答が出てくるだろう。

ある人は、太平洋戦争の敗戦後のＧＨＱの憲法草案こそが初の議会制民主主義の提案だというかも知れない。ある人は、明治七年（一八七四）の「民撰議員設立建白書」を挙げるかも知れない。またある人は、坂本龍馬の「船中八策」を挙げるかも知れない。もう少し歴史に詳しい人は旗本の大久保一翁（忠寛）の名を出すかも知れない。

しかし、赤松小三郎という名を挙げる人は、二〇一六年現在において、日本人一〇〇〇人を無作為抽出して聞いてみても、一人も見つからない可能性が高い。それほど赤松小三郎の知名度は低い。慶応三年（一八六七）五月に日本で初めて、全国民に参政権を与える議会の開設、法の下の平等、個性の尊重など、現行憲法につながる憲法構想を提案し、その実現のために奔走したのが赤松小三郎である。長い間、歴史の闇に葬られてきた人物である。

なぜ彼は歴史から消され、知られていないのだろう。その理由を解明していくことそのものが、日本の近現代史の闇を照射すると共に、現在の時代が閉塞状況に陥っている原因の一端を明らかにすることにつながると私は考えている。

赤松小三郎は、江戸時代末期の天保年間の信州上田に生まれた。上田といえば、徳川の大軍を二度撃退した真田昌幸の城下町としてご存知の方も多かろう。二〇一五年は大坂夏の陣で上田の武将・真田幸村（信繁）が戦死して四〇〇周年であった。徳川政権の支配に最後まで抵抗した真田幸村の戦死は、戦国乱世の終焉（＝元和偃武）を意味し、日本はその後の二五〇年間、平和な時代を迎えることになった。

序-1　赤松小三郎生誕地付近の街並み（上田市柳町）
上田城下の北国街道柳町の現在の街並み。小三郎が生まれたのはこの街道から西に二筋入った木町という場所であった。（著者撮影）

二〇一七年は、知られざる上田の学者・赤松小三郎が非業の死を遂げてから一五〇周年の節目となる。大坂夏の陣で内戦が終結してから二五〇年後、赤松小三郎は、徳川政権と薩長の内戦の勃発を最後まで回避しようと必死の周旋活動を行ない、ついに暗殺され、日本は戊辰の内戦に突入していくことになった。詳しくは本書で明らかにしていくが、小三郎の暗殺は、太平洋戦争の敗戦に至るまでの、七八年間にわたる戦乱の時代の幕開けになったといっても過言ではない。

上田城を築いた真田昌幸は、豊臣政権の進める兵農分離（＝身分制度の固定化）を拒否し、それが全領民が一丸となって結束し、徳川軍に勝利するという結果にもつながった。赤松小三郎もまた、身分制度を否定し、個々人がその適性と能力を存分に発揮できる社会の実現を目指し、現行の日本国憲法と比べても遜色のない理念を持つ憲法構想を提示した。

本書の主たる目的は、江戸時代末期、赤松小三郎のみならず、多くの日本人が、現行憲法につながる「人類普遍」の内容を持つ憲法構想を支持しており、それは決して特異な少数意見というわけではなく、実現一歩手前までできていたという事実を明らかにすることにある。しかし、こうした事実は語られてこなかった。赤松小三郎は日本人の記憶の中から消されてきた。この理由を明らかにしたいというのも、本書の課題である。これらの課題を明らかにすることを通して、いまも日本の政治を呪縛する闇が浮かび上がってくるであろう。


私は環境分野を専門とする研究者であり、歴史研究者でもなければ、憲法学者でもない。私が本書を書くのは、歴史学者や憲法学者の方々から見れば越権行為であり、「素人が何を言うか」と不快に思われる方も多いだろう。

専門家の学会にあっては、「学問の自由」があると言いながら、実際には学会の「暗黙のタブー」や、自身が所属する学閥のドグマ等に縛られ、自由に語れないという論点がある。あらゆる学問分野において、大なり小なりそれがある。実際、歴史学者と話していても、「○○先生の学説、おかしいんだけど、先生があれだけ偉くなっちゃうと、誰も批判できないんですよ」などという裏話はよく耳にする。私の所属する学会にもそういうことはあるし、他の学会でもそうである。素人が○○先生の学説の誤りに気付くことは多い。よって、専門家の言うことが、素人の言うことより正しいとは限らないのだ。

私も、自分の専門分野においては、業界に配慮して発言に制約がかかる可能性は否めない。しかしながら歴史について、私は全くの非専門家であるから、学会のお家事情に縛られることもない。本書は、非専門家であることのメリットを十分に活かし、戦後の明治維新研究が陥っていた「タブー」に踏み込んでいきたい。本書は、「定説」というドグマに縛られることなく、専門分野の「縦割り」の壁にも束縛されることなく、時間の壁を越えて筆を進めていきたい。

現在を規定する日本の政治構造の始原は、明治維新にある。詳細は本書で明らかにするが、現代の政治レジームは、虚構の「明治維新物語」を再生産することを必要としている。赤松小三郎が記憶から消されてきた理由も、じつはそこにある。その意味で、明治維新物語の虚構を明らかにすることは、現代政治のレジームを変えることにもつながるはずだ。そこで本書は歴史と現代をパラレルに論じることになる。歴史の専門家から見れば、これは学問的作法から逸脱する行為である。しかし非専門家である私の場合、そのような「作法」に束縛されることもない。

まず、なにゆえ私が赤松小三郎を取り上げた本を書くのか、書かねばならないのか、その理由を述べさせていただきたい。

私は赤松小三郎と同郷の信州上田の生まれである。同郷であるがゆえに、高校時代に、赤松小三郎の憲法構想に接する機会があり、現行憲法にそのまま通じるその内容が「幕末」に書かれていたことに衝撃を受けた。そして、この人物が全国的に全くといってよいほど知られていないという事実を深く疑問に思うようになった。私が最初に疑問を抱いてから、すでに三〇年が経とうとしている。疑問がすべて解けたわけではなく、ここに書くことはあくまで暫定的な回答である。それでも本書の出版を急ぐのは、いよいよ改憲の日程が眼前に迫ってきたからだ。それゆえ三〇年間の疑問に対する私なりの答えを、ここに述べさせていただいても、罰は当たらないように思うのである。

私は高校の頃、一般道を避け、緑豊かな上田城址を好んで通学していた。上田城の二の丸の片隅には、「贈従五位赤松小三郎君之碑」という石碑が建っている。いまでこそ、その碑の案内板もできているが、当時は、まるで赤松小三郎の記憶を呼び起こすことはタブーであるかの如く、ほとんど誰も気づかないようにひっそりとたたずんでいた。

高校一年生のあるとき、その碑文を何気なく見ていると、「元帥伯爵東郷平八郎書」と書いてあるのに気づいて驚いた。高校生になるまで知らなかったが、この碑文は、かの東郷平八郎が揮毫したものだった。郷土史の資料を調べてみると、東郷は、赤松小三郎の門人であったという。それでもなお、私は、赤松小三郎は当時の最先端の洋学知識を持った軍学者であるとのみ認識し、それ以上のことは知らなかった。

本当に驚いたのは、高校二年のとき、『上田市史』に掲載されている小三郎の建白書を読んだときであった。小三郎は、「幕末」において、すでに選挙で選出された議員による議会政治を訴えていた。これは坂本龍馬の「船中八策」などよりはるかにすごいではないか――そう思った。愕然としたのは、この先進的な建白書が、『上田市史』のような郷土史資料には載っていても、図書館で既存の明治維新史の文献のどこを探し回っても記載がないということであった。日本で初めて議会制民主主義を提唱した建白書は、たんなる郷土史の研究課題とは思えない。それが日本通史において無視されるのは何故なのか、深い疑問を抱いた。

序-2　赤松小三郎顕彰碑
上田城の二の丸に東郷平八郎が揮毫した石碑がある。碑文は次の通り。（著者撮影）
「贈従五位赤松小三郎君之碑
元帥伯爵東郷平八郎書（花押）」

縁は数奇なものである。私は大学生の頃、暗殺された赤松小三郎が埋葬された京都の金戒光明寺のすぐ近くで暮らしていた。金戒光明寺は、京都守護職・松平容保の本陣が置かれていた寺である。京都で一人暮らしを始めてか

序-3　金戒光明寺
京都守護職・会津侯松平容保の本陣が置かれた。城郭のような威容を誇る。（著者撮影）

ら数日後、夕暮れどきに真如堂から金戒光明寺の境内を散策していると、鳥羽伏見の戦いなどで犠牲になった会津藩士たちの眠る墓地を見つけた。当時の私は、この寺に会津の戦没者の墓地があることも知らなかったのだ。

会津墓地で黙禱を捧げた。墓地の丘の上には文殊塔という三重の塔がある。沈みかけの陽光を浴びて、塔は紅く染まっていた。その幻想的な姿を横目に、坂道を下ってくると、私を呼びとめるような気配を確かに感じた。振り向くと、そこには「赤松小三郎墓」と刻まれた墓石がひっそりとたたずんでいた。驚いたなんてものではなかった。私はそのときに至るまで、赤松小三郎の墓が金戒光明寺にあるという知識は全くなかった。何かに引き寄せられるように、気がついたら墓石の前に立っていたのだった。

墓石の壁面に書いてあった墓誌を読んだ。判読しにくかったし、全文を解読することはできなかった。しかし、赤松の死の真相をカモフラージュするかのように、彼の業績をたたえているように思われた。赤松小三郎が目の前で「無念だ」と訴えかけているように感じられた。合掌した。

赤松小三郎の名誉を回復しなければならないと思った。しかし、私は理系であったから歴史の研究などできないし、赤松小三郎を主人公とした小説を書こうにも文才はないし、見通しは暗かった。私は一時間近くも墓石と対話していたと思う。気づいたら、日はどっぷりと暮れ、あたりは真っ暗になっていた。

「私はあなた様のような優れた才能を持たないけれども、あなた様の同郷人として恥ずかしくないよう、精一杯学問に励みます。今の私では何もできません。学成り、何がしかの人間になったら、あなた様の名誉を回復するために何かができるかも知れません。それまでどうか待って下さい。今はお許しください」

――そう墓石に語りかけてその場を辞したのであった。

赤松小三郎を暗殺した黒幕は、日本人なら誰でも知っている、「維新三傑」のうちの二人であろうと思われる。殺した彼らは英雄だが、殺された小三郎のことはほとんど誰も知らない。

序-4　赤松小三郎の墓
金戒光明寺の境内にある。古い墓石は風化による剥離が激しくなったため、2012年に上田の赤松小三郎記念館内に移され、新しい墓石に代えられた。（著者撮影）

「歴史の物語」をめぐって、右派と左派のあいだで抗争があることは、いまさら言うまでもないだろう。かつて、「新しい歴史教科書をつくる会」の人々は、戦前・戦中の日本を暗黒に描きつつ、戦後民主主義を賛美する歴史観を「GHQ史観」あるいは「自虐史観」と呼び、そこからの脱却を訴えた。それは戦前や戦時中の日本の歴史の解釈をめぐる、政治的抗争の表われであった。

しかしながら、太平洋戦争前後の歴史解

釈をめぐって激しく対立する日本の右派と左派であっても、「明治維新の物語」となるとそうではない。「日本近代化の原点」「国民国家の形成」「文明開化」「歴史の進歩」としての「明治維新の物語」は、左右の垣根を越えて、「公共の記憶」として日本国民に広く共有されてきた。

西郷隆盛、吉田松陰、高杉晋作、坂本龍馬……、明治維新の英雄たちの業績を評価し、顕彰しようとすることに、左右の対立は見られない。明治維新の「英雄」たちが表象される裏側で、赤松小三郎のように消し去られてきた人物群がいる。どうやら右派と左派とを問わず、赤松小三郎は忘却すべき存在だったようなのだ。

ベネディクト・アンダーソンの『想像の共同体』増補版の最終章は「記憶と忘却」であった。アンダーソンは国民国家の「ナラティブ（＝物語）」を形成する上で、「記憶」と「忘却」はセットであったと論じている。「国民国家の物語」をつむぎ出すためには、記憶されるべきと認定されたものと、そうでないものの「忘却」は表裏の関係にある。「アメリカ」が南北戦争を語る際、それは「兄弟たち」のあいだの内戦であったという記憶が繰り返し論じられる一方、それぞれに主権を持つ二つの国民国家の戦争であったという事実は忘却されるよう努力されてきた（アンダーソン 二〇〇七：三二九頁）。

赤松小三郎が忘却されてきたのも、それと同様の理由がある。左右を問わず日本人一般に「共有」され、近代日本の原点としての「明治維新の物語」の再生産にとって、彼の記憶が呼び覚まされることは不都合だったのだ。

本書で指摘していく通り、明治維新の物語を検討していくと、重大な事実関係をスルーしていたり、なかった事実をあったことにしたり、事実の解釈としても明らかな誤りが、多く含まれている。

そうした事実関係の誤りは学問的に修正されねばならないし、修正を躊躇する必要はない。誤った「明治維新神話」を信仰しなければ国民統合を維持できないほど、日本はやわではない。日本にはもっと深い歴史の蓄積がある。少なくとも明治維新後七八年間の「戦争の時代」に日本の原点を置くよりも、それ以前の二五〇年間の「平和の時代」を見つめなおすことの方が、今後の日本の進路を考える上で、はるかに示唆に富む有益な教訓を得ることができよう。

既存の「明治維新神話」を捨てねばならないのは、さらに積極的な理由がある。誤った「物語」が公共の記憶になっていることによって、現行憲法を「GHQの押し付け」と規定し、「美しい国」「日本を取り戻す」といったスローガンの下、それ以前の時代（=明治憲法の時代）へ回帰せんという動きを可能にしているからだ。本当に現行憲法の精神は「押し付けられた」のか？　また現在の政府与党が「取り戻そう」と主張する「日本」とは、本当に日本なのか？

赤松小三郎は、パンドラの箱の中に封印されてきた「隠された記憶」の一つである。彼の記憶を解き放つことは、現在の日本が陥っている閉塞状況を打開することにも寄与するだろう。

昨今、非歴史学者が書いた、明治維新の闇を告発する内容の本がよく売れている。その現象の背景には、安倍首相が立憲主義を否定しようとする思想の根っこに、明治維新の肯定があるという事実に、多くの人々が気づきつつあるからだろう。

私も、立憲主義を否定して何とも思わない政権の暴走を目の当たりにして初めて、彼・彼女らが賛美するところの「明治維新」の持っている底知れぬ闇の深さを思い知るようになった。本書を書くよう背中を押してくれたのは、他でもない、安倍晋三首相の日ごろの言動の数々である。

本書で使う用語についてあらかじめ述べておきたい。本書では、歴史学者の奈良勝司氏（二〇一〇）や青山忠正氏（二〇一二）の提案に従って、「幕府」という用語を基本的に使わない。「幕府」とは、政権の権威を否定しようとする尊王攘夷派が使い始めた蔑称であり、安政年間以降に流行するようになった。江戸時代の人々は徳川氏の政権を、「公儀」とか「公辺」と呼んでいた。本書でも「江戸幕府」という呼び方を改め、当事の人々が呼んでいた通りの「公儀」、あるいは奈良勝司氏にならって「徳川政権」と呼びたい。

「幕府」とは、それが日本の正統な政権ではないという否定的な意味を込めた言説であり、蔑称である。それを使う時点で、長薩藩閥政権が創造した「明治維新の物語」のバイアスに毒されることになる。この用語を使用する限り、物語の再生産に加担することになる。本書では、基本的に「幕府」を使用しない。引用史料等に登場する関係で、その用語を使わざるを得ないときには、カッコ付きで「幕府」と表記する。

「藩」という用語も問題をはらんでいる。藩とは、天子を守る藩屏という意味である。江戸時代の大名はそのような性格のものではなかった。「藩」という呼称が正式に採用されたことは、江戸時代にはなかった。「藩」という言葉も江戸時代後期に流行するようになったが、正式名称ではなかった。制度的に「藩」が存在したのは、一八六九年の版籍奉還から一八七一年の廃藩置県までのわずか二年ほどでしかない。しかしながら、「藩」は「幕府」のような蔑称ではない。島津家臣や毛利家臣が主体的に、薩摩藩士、長州藩士を名乗りたがっていた。「藩」に関しては、当人たちが自覚的に「藩」「藩士」という言葉を使っている範囲において使用するが、注意深く使用するようにしたい。


さて、近年になって、ようやく赤松小三郎の再評価の動きが見られるようになった。上田では二〇〇三年に赤松小三郎顕彰会が設立され、活発に活動している。二〇一二年には上田に赤松小三郎記念館が設立された。

二〇〇九年には作家の江宮隆之氏が、『龍馬の影――悲劇の志士・赤松小三郎』という小説を出版した。赤松小三郎を主人公とした初の歴史小説であった。江宮氏は「あとがき」で次のように書いている。「小三郎は、龍馬の二歩も三歩も先を歩いた。しかし、歴史の神は、龍馬にはスポットライトを当てるが、小三郎にはピンライトさえ当ててはくれない」と。フィクションを含む小説ではあるが、赤松小三郎研究にも大きく弾みをつける意義があった。

二〇一三年には、母校の県立上田高校の同窓生の有志によって「赤松小三郎研究会」が組織された。私も創立以来のメンバーとなり活動している。本書も、研究会で行なってきた調査内容が随所に活かされている。会長の丸山瑛一氏、滝澤進氏、官原安春氏、小山平六氏、荻原貴氏、以下、研究会のすべての皆さまに感謝を申し上げたい。なお言うまでもないことではあるが、実証的な史実を除く、日本政治のあり方についての本書の主張内容は、あくまでも私個人の見解であり、研究会を代表するものではないことを申し添えておく。

第１章

赤松小三郎の生涯と議会政治の夢

1-1　赤松小三郎
暗殺される前に京都で撮影されたもの。上田市立博物館蔵

いまだ解明されていないその生涯

本章では、赤松小三郎の生涯を概観したい。赤松小三郎は、長らく歴史の闇に埋もれてきたため、関心を持つ研究者も少なく、これまで小三郎研究を進めてきたのは、主に地元上田の郷土史家たちであった。代表的な業績として、藤澤直枝（一九三〇）、柴崎新一（一九三九）、小林利通（一九七四）、上田市立博物館（一九九四、二〇〇〇）、赤松小三郎顕彰会（二〇一三）などが挙げられる。

上田市立博物館は、赤松小三郎の遺品を多く所蔵している。地元では、小三郎の書簡や日記など本人が書き残したものを中心に、細々と研究が進められてきた。それゆえ、徳川政権や薩摩・会津・越前など、外部から見た赤松小三郎の位置付けについては十分な研究は進まなかったのが実情である。明治維新の通史に、赤松小三郎を位置づけようという試みも、近年に至るまでは見られなかった。

近年になって状況は変わりつつある。二〇一一年には、明治維新史の専門家として青山忠正氏が、薩土盟約から大政奉還に至る慶応三年の政局の中に赤松小三郎の建白書を位置づけた論文を発表している。青山氏は、明治になってから形成された坂本龍馬像の中には、「赤松の事蹟が少なからず投影されているように思われる」と述べる（青山 二〇一一）。

二〇一三年に大河ドラマ「八重の桜」が放映された際、主人公の新島八重の兄である山本覚馬についても研究が進み、覚馬の関係史料の中に、赤松小三郎について言及しているものが複数あることが注目された。赤松小三郎と山本覚馬は、薩摩と徳川政権を仲介し、両者を和解させようと文字通り必死の活動をしていた事実が浮かび上がってきたのである。

本書を執筆している最中の二〇一六年には、歴史作家の桐野作人氏が、盛岡の藩政史料『慶応丁卯雑記』の中から、赤松小三郎が徳川政権にも議会の開設を求める建白書を提出していたことを裏付ける新史料を発見した（『信濃毎日新聞』二〇一六年六月一日付）。赤松小三郎への注目度が高まるにつれ、今後もこうした新事実の発見は続くであろう。

こうした史料を仔細に検討すれば、赤松小三郎は異端児として時勢から孤立して議会制度の創設を叫んでいたわけではなく、用意周到かつ戦略的に近代的立憲主義国家建設への道筋を構想し、それは多くの支持も得ており、十分に実現の可能性も高まっていた様子が浮かび上がってくる。

小三郎の生涯についての本格的な研究は、今後の課題であるといってよい。本章では、これまで主として郷土史家によって積み重ねられてきた成果に依拠しつつ、著者がこの間に発掘した史料も紹介し、桐野作人氏による発見をどう読み解くのかも含め、若干の新知見を盛り込んで、小三郎の生涯を概観したい。

数学を基礎に、蘭学・兵学を学ぶ

赤松小三郎は、江戸時代末期の天保二年（一八三一）四月四日、信州上田松平伊賀守家中の下級武士・芦田勘兵衛の次男として生まれた。もともと芦田清次郎（諱（いみな）は友裕ないし惟敬）と称した。嘉永七年（一八五四）、数え年で二四歳のときに上田の下級武士の赤松弘の養子になり、赤松清次郎となった。清次郎から小三郎へと改名したのは文久元年（一八六一）、三一歳のときである。赤松小三郎と名乗ったのは若い晩年の六年あまりであった。

上田は真田昌幸が築いた城下町である。真田家は一六二二年に松代に移封され、代わって小諸から仙石氏が入り、さらに一七〇六年に但馬の出石から仙石氏と入れ替えで徳川譜代の松平氏が入って上田城主となった。

赤松小三郎が仕えた当時の上田城主は松平伊賀守忠優（のち忠固と改名）であった。ほとんど知られていないが、松平忠優は、日米和親条約と日米修好通商条約の締結時に二度にわたって老中を務め、政権の中枢を担った人物である。彼は、攘夷派の徳川斉昭と対立しながら一貫して開国と通商条約の締結を推進し、日本の主力輸出産業になる生糸産業の振興に熱意を燃やし、日本の国際貿易の礎を築いた政治家でもあった。この忠優（忠固）も、既存の明治維新物語にとっては不都合な存在であり、「忘却」のカテゴリーに入れられてきた。忠固については第3章であらためて紹介したい。

赤松小三郎の生家である芦田家の禄高は一〇石三人扶持（約一五石）。武士階級の中にあっては最底辺ともいえる貧しい家であった。身分の低さと貧困の中で味わった苦しみが、身分制度の撤廃を求める彼の後年の政治活動の原点となる。

芦田家は、貧しいながらも向学心旺盛な家風であった。父の勘兵衛は藩校・明倫堂の句読師（教員）であった。父の妹、すなわち清次郎の叔母は上田の会計税務も司った和算家（数学者）の植村半兵衛重遠に嫁いでいた。芦田清次郎（赤松小三郎）は、兄の柔太郎と共に、少年のころから叔父の植村重遠の塾で数学を学び、理系的な素養を開花させていったのである。

清次郎は、嘉永元年（一八四八）、一八歳で江戸に出て、数学者の内田弥太郎の「マテマテカ塾」に入った。仲間が寝静まったのちに起き、灯火を衣で覆って夜更けまで学んだという（小林 一九七四）。若き清次郎の数学能力は、内田塾でめきめきと頭角を現わし、師からも大いに評価される存在になっていった。内田弥太郎の門下で弘化・嘉永年間の「門人ニシテ名ノアル」者二三名のリストが残っているが、芦田清次郎惟敬（赤松小三郎）は第二位に挙げられている（上田市立博物館 二〇〇〇）。

嘉永五年（一八五二）、二二歳のとき、西洋兵学者の下曾根金三郎信敦にも入門した。数学から転じて兵学を志した理由にかんしては十分な史料がない。想像するに、抽象数学の研鑽のみでは飽き足らなくなり、数学の知識を実学に活かす分野として砲術にも目を向けたのではなかろうか。

嘉永元年より主君の松平忠優は老中に就任していたので、閣内にあって国防力強化の必要は誰よりも認識していたはずであった。主君の意向が反映されたのか、清次郎より五歳年長の上田の俊才桜井純造はすでに嘉永三年より下曾根塾に入門していた。そうした動きも清次郎の決断に影響を与えたことだろう。

勝海舟の従者として長崎海軍伝習所へ

安政元年、清次郎は上田の下級武士赤松弘の養子となった。翌安政二年（一八五五）、赤松清次郎の人生に転機が訪れる。勝海舟の門人となり、勝の従者として、同年に創設された公儀の長崎海軍伝習所に赴くことになったのだ。正規の伝習生ではなく、勝の従者の「員外聴講生」という身分であった。

勝塾への入門の経緯についての詳細は不明である。おそらくは、勝から学ぶための入門ではなく、従者として長崎に連れて行ってもらえるという約束を取り付けた上での入門だったのではなかろうか。勝は、長崎に行くまで掛け算・割り算もできなかったというほど数学の知識が全くなかった。長崎で測量や航海について学習するにあたって、数学者である清次郎の補佐を必要としていた。それゆえ互いの利害が一致したのではなかろうか。

こうして清次郎は、長崎海軍伝習所に赴き、航海術、測量術、オランダ式兵学などを学んだ。長崎時代の清次郎については、不明な点が多い。小林利通氏の研究によれば、長崎にいる間に清次郎は海舟のもとを離れ、第三期伝習生として長崎入りした旗本の小笠原鐘次郎と行動を共にしていたようである。

養父・赤松弘が、清次郎が長崎より帰国後、江戸で継続して修行する願い出を安政六年五月に藩当局に出している。その中で「養子清次郎儀、是まで小笠原鐘次郎様と御同道つかまつり、長崎表にて西洋流兵学つかまつらせ（後略）」と記されている。このことから長崎ですでに小笠原鐘次郎と行動を共にしていたことが窺えるのだ（小林一九七四）。

第三期伝習生の中には騎兵学を専門的に学んでいたグループがあり、小笠原鐘次郎はその一人であった。清次郎は、海軍や銃火器について一通り学んだ後、勝から離れ、小笠原らと共に騎兵学を学ぼうとした可能性がある。清次郎は軍馬への関心がとりわけ高かった。清次郎が海舟から離れた理由としては、両者の不仲の可能性もあるが、詳細は分からない。なお研究が必要であろう。

清次郎の長崎滞在中の研鑽の成果として、三冊の訳書が残っている。オランダの兵学書の翻訳『新銃射放論』『選馬説』『矢ごろのかね　小銃彀率』である。銃火器と軍馬に清次郎の関心がとりわけ高かったことは、これらの訳書を見てもわかる。小銃の仕組みや銃隊の教練法の教科書である『矢ごろのかね　小銃彀率』には、「銃口」「銃身」「銃床」など、今と変わらない訳語が多く用いられている。清次郎は『矢ごろのかね　小銃彀率』の翻訳には大きな自信を持っており、借金をしてまで一八五八年に出版した。しかし見込みが外れて売れ行きが悪く、多額の借金を抱えたまま苦しむことになってしまった（上田市立博物館二〇〇〇）。

挫折と雌伏

安政六年（一八五九）長崎海軍伝習所が閉鎖されると、赤松清次郎は同年四月一四日に長崎から江戸へ戻ってくる（小林一九七四）。折しも江戸は安政の大獄の最中であった。清次郎の主君であり次席老中でもあった松平忠固は、前年の日米修好通商条約の締結時にリーダーシップを発揮したものの、閣内で大老の井伊直弼と争うに至り、井伊の計略で失脚してしまっていた。禁裏から勅許を得ないまま忠固が条約を結んだことが「罪」とされ、その責任を取らされたのだ。そのうえ安政六年（一八五九）九月に、忠固は謎の死を遂げている。あまりにも突然な死であったことから、暗殺も疑われているが、詳細は謎のままである。

赤松清次郎は、日米修好通商条約の批准書交換のための遣米使節の派遣に際して、咸臨丸への乗船を希望した。長崎で航海術を習得してきた清次郎は乗船すべき人材であったが、その願いはかなわなかった。おそらく主君の松平忠固が老中に留まっていたら咸臨丸に乗船できたことだろう。井伊大老によって失脚させられた政敵の家来とあっては、遣米使節に選ばれるのには、あまりにもタイミングが悪かった。

咸臨丸の選に漏れた失意の中、「亜国行を懐(おも)ひて」と題して万延元年（一八六〇）に赤松清次郎が詠んだ句がある。

春風や東に霞む船二つ

「東に霞む船」とは、もちろん遣米使節を乗せて太平洋を航海中の咸臨丸とポーハタン号を指している。万延元年に詠んだ句をもう一つ紹介しよう。

春来れど思ふままにはいかのぼり
　つながれて有る三つの糸に

上手な句ではないが、鬱屈した清次郎の感情が切々と伝わってくる。自由を束縛する「三つの糸」。一つは「家」、もう一つは「藩」を指しているのだろう。あとの一つは何だろう。自由に海外渡航もさせてくれない徳川政権の国法そのものを指しているのかもしれない。後年、清次郎は三つの糸によって自由を束縛されてきた無念の想いを爆発させるかのように、全人民の平等と各々の個性がそれぞれに尊重される社会の実現を目指す憲法構想を建白することになる。

遣米使節が旅立った万延元年の三月、養父の赤松弘が病没し、清次郎は赤松家を相続した。そして翌文久元年（一八六一）正月、清次郎は小三郎と改名している。小三郎は家督を相続したことにより、上田から離れられなくなった。小三郎が家督を継いでも、赤松家は一〇石三人扶持の微禄のままであり、長崎で最先端の学問を身につけて帰国した人物を処遇するものではなかった。以降、小三郎は一八六四年まで上田にあって、雌伏の時代を迎えることになる。持てる才能を発揮する機会を持ち得ず、鬱屈した日々を送るのであった。

家柄は云ふな雪解の黒濁り

小三郎が詠んだこんな句が当時の感情をよく表わしている。

英学事始

失意のどん底の中、赤松小三郎は上田で「調練調方御用掛」「砲銃道具製作御掛」などの公務について兵制の洋式化に努めた。この上田での雌伏の期間、小三郎は歴史の表舞台に立つことはなかった。

その間の文久三年（一八六三）、一〇〇石取りの松代真田家臣・白川久左衛門の娘たかと結婚している。二人のあいだに子供はできなかった。小三郎は、妻の実家の松代訪問を機に蟄居中の真田家臣・佐久間象山と面会し、以後、象山と文通する関係になった。

小三郎がふたたび江戸に出ることができたのは元治元年（一八六四）九月であった。第一次征長の役に際して、公務として江戸に出て、小銃など武器の買い付けを行なうことになったのである。小三郎はひさしぶりに江戸に出た機会を逃さなかった。江戸滞在中の同年一一月には横浜在住のイギリス騎兵士官ヴィンセント・J・アプリン大尉に直接会って、英語を教えてくれるように頼み込んだ。当時、横浜の外国人居留区には警護のために各国の軍人たちが駐留していたのである。幸いなことに大尉から見込まれて、直接英語を教わることができた。騎兵隊の大尉が公務として日本人に英語の講義をすることが許されたとは思われないので、あくまでも勤務外の私的な時間帯に教えを受けたのであろう。

慶応元年（一八六五）二月一六日の小三郎の日記には、「gankiroに行アフリンに謁」とある（柴崎 一九三九：六二頁）。小三郎がわざわざアルファベットで表記している「gankiro」とは「岩亀楼」のことであり、横浜居留地の外国人向けに開業していた遊郭であった。小三郎は、アプリンが勤務時間外に遊郭に滞在している所にも押しかけていったことになる。小三郎は、イギリス陸軍の兵学書の翻訳出版を目指し、一刻も早い英語の習得が必要であった。

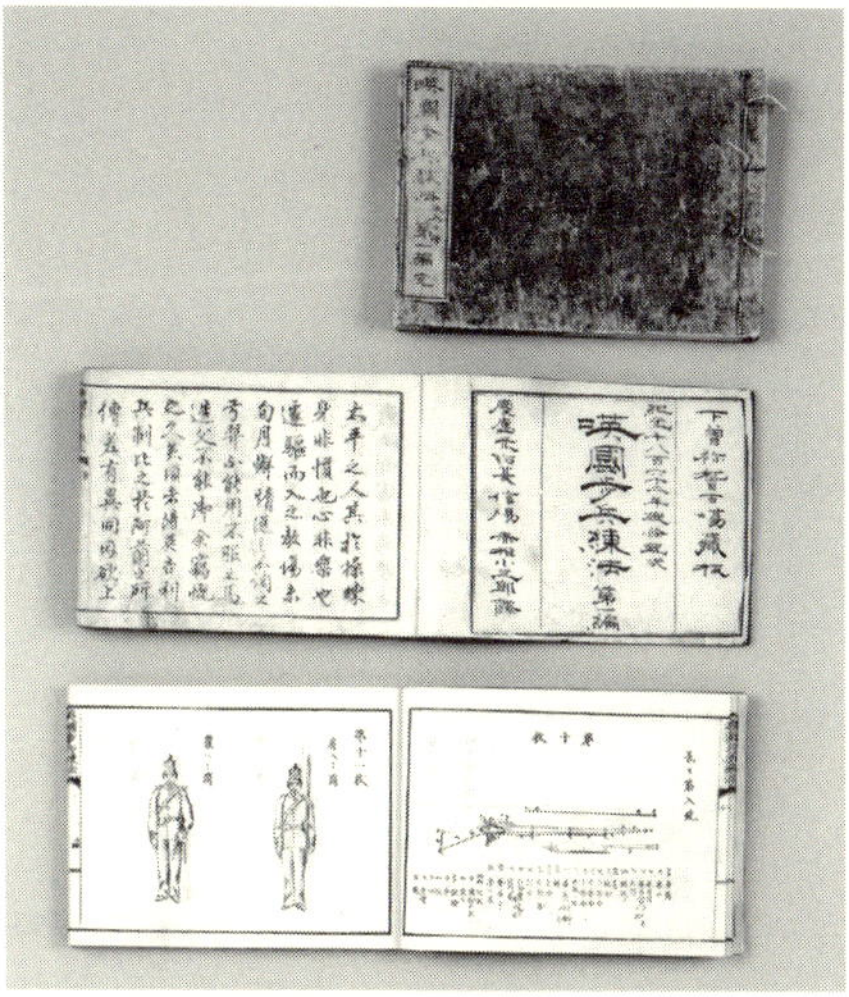

1-2 『英国歩兵練法』（下曽根版）
慶応元年（1865）、小三郎と加賀の浅津富之助で分担翻訳され、出版された。上田市立博物館蔵

もっとも、アプリンから直接に英語を学ぶ以前に、すでに小三郎は独学によって、かなりの水準の英語力に達していた模様である。小三郎が初めて横浜でアプリンに面会した際、騎兵操練ならびに調馬術についてアプリンに質問を行なったそうである。アプリンは「これを一読したらよい」と騎兵術に関する英書を小三郎に貸し与えた。小三郎はその書を江戸に持ち帰り、六日のうちに読了してアプリンに返却した。あまりの早さに驚いたアプリンは、読んだふりをして実際は理解できていないに違いないと思い、その書のポイントについての質問を二、三した。すると小三郎は窮する

ことなくたちどころに回答したので、アプリンは驚いたと伝わっている（柴崎 一九三九）。

アプリンから英語を教わる傍ら、慶応元年（一八六五）二月二〇日には下曾根塾に再入門している。当時の小三郎はすでに下曾根から教わることもなかったと思われるので、この再入門の目的は、下曾根の力を借りて翻訳した英国の兵書を出版することにあったのだろう。かつて長崎で、オランダの兵書を翻訳出版し、多額の借金を抱えて苦しんだ経験があるだけに、これは切実な問題であった。

小三郎は、ただちに英国陸軍の兵書の翻訳に着手している。金沢の浅津富之助（後の海軍官僚南郷茂光）と共に、英国陸軍の歩兵調練の教本「*Field Exercise and Evolutions of Infantry*（歩兵の野外演習と運動法）」の翻訳を進める。ところが翻訳を始めた途端、慶応元年四月に第二次長州征伐の令が下り、上田松平家は将軍・家茂に従って大坂在陣を命じられた。小三郎も職務上、大坂に行かざるを得なくなった。陣中で公務を果たしつつも、暇を見つけては翻訳を進めたようである。大坂在陣中に順次翻訳を完成させ、慶応二年（一八六六）三月に『英国歩兵練法』全五編八冊の完訳がなった。全五編中、一・三・五編が小三郎の訳で、二・四編が浅津の訳であった。アプリンから英語を学び始めて一年あまりしか経っておらず、この時点で英書の翻訳を遂げたことは驚異的な速さといってよいだろう。この訳本の出版によって、赤松小三郎の名声はようやく高まることになった。

身分制度の撤廃と言論の自由を

『英国歩兵練法』の翻訳出版がなると、小三郎は政治活動を活発化させた。慶応二年八月には徳川政権へ、同年の九月には上田侯・松平忠礼へ、それぞれ建白書を提出している（上田市立博物館 二〇〇〇）。

徳川政権への建白書は「方今世上形勢の儀に付乍恐奉申上候口上書」と題されている。その中で、公儀による第二次長州征伐の決断を批判した上で、その敗北を教訓に、身分制度にとらわれない人材登用を行なうよう訴えたものである。同年の六月から始まった長州再征について、小三郎は、「勝算相立たざる以前に戦を開き候理は決してこれ有る間敷きかと存じ奉り候」とする。すなわち、勝算が立たない戦はすべきでないのはもとより、そもそも長州の罪を糺すために武力に訴える道理は全くないと、開戦の判断そのものの誤りを断罪している。さらに開戦しても、兵器が不足し、列藩が命令に服さず、兵数も少ない上に、統制が取れていない状態で、勝てないのは当然であると、公儀批判を展開している。

ついで小三郎は、敗戦を教訓とした改革を訴える。すなわち、「列藩高禄の者は学術乏しく、低位に人才（材）これ有り候へ共、古例に泥みてこれを用ひざるは一般の弊風に候へば、右様御改革仰せ付けられ候方御大益にこれ有るべく候」と。高禄の者ほど学芸に乏しく、身分の低い者にこそ努力を惜しまず有用な人材が多く出ているのであるから、旧来の身分制度にとらわれず、その能力に応じて人材を登用すべきであるとする。

同慶応二年（一八六六）九月、当時一七歳の上田侯・松平忠礼に対しても建白書を提出している。こちらも表題は、先の公儀宛てと全く同様「方今世上形勢の儀に付乍恐奉申上候口上書」であった。その内容は、先の公儀宛てに比べて、さらに激しく身分制度の打破を訴える内容となっている。

同建白書は、「上下隔絶の儀御廃止、下輩に至る迄言路貫通仕り候様御改正遊ばされ、人才御撰抽の儀は門地格禄に毫も拘泥せず、其の人々の学術智略御撰用相成り候儀緊要に候」と訴える。主要な論点は、領内において上下を隔てる身分制度を廃止し、身分の低い者であっても自由に意見を述べる権利を与えるよう制度を改正すべきこと、さらに、人材を選ぶ際、門閥や家禄は一切不問にして、その人物の「学術」と「智略」を基準にすべきこと、であった。

赤松小三郎は武士として最底辺の階層に生まれ、さまざまな社会的差別と闘い続けてきた。その人間の学問・能力・見識ではなく、家格で差別されることの理不尽さを、人生の全経験を通して痛感し、その是正を若き主君に訴えたのである。

松平忠礼宛ての建白書は、松平家の文書の中から発見された。忠礼本人もこれを読み、何か感じるところはあったのだろうか。忠礼は明治維新後、異母弟の忠厚と共に米国のラトガース大学に留学し、苦学して日本に帰国した。忠礼は、華族の地位に甘えて学芸を怠るようなことはなく、個人として研鑽を積み、有用な人材となった。帰国後は、留学で得た学問と語学力を活かして外務省に奉職したのであった。

忠礼の弟の松平忠厚の生涯はさらに激烈で、赤松小三郎の向学心が乗り移ったかの如くであった。忠厚は、兄の帰国命令を無視し、松平家との縁を切ってまで、米国に残り、米国人女性カリー・サンプソンと結婚、土木工学を修めた。土木工学者として、新しい測量法を開発し、学術論文も多数発表、今もニューヨークの名所として残るブルックリン橋の設計の一部も担当するなど、米国における初の日本人公職者として華々しく活躍したのである。

忠厚が、一八八〇年に三角法を活用した新しい測量器具を発明した際には、全米で大きく報道され一躍有名になった。例えば、『ニューヨーク・デイリー・トリビューン』紙は、「日本人の発明家」という見出しで、「我が国最初の日本人発明家T・A・マツダイラ」が「従来より簡単かつ迅速に計測できる画期的な三角測量の器具を開発した」などと紹介、その業績を讃えている（*New York Daily Tribune*, 一八八〇年二月二九日付）。

その後、忠厚はユニオン・パシフィック鉄道の主任測量士として、大陸横断鉄道の建設のためコロラド州に移り住んだが、結核のため一八八八年に三七歳の若さで惜しくも亡くなっている。奇しくも小三郎と同い年での無念の病死であった。

赤松小三郎同様、松平忠厚の業績も日本では全くといってよいほど知られていない。忠厚こそは、国際的な学術・発明の先端分野でメジャーな業績を残した初の日本人であった。徳川斉昭と井伊直弼という両巨頭を敵に回しても、執念で日本を開国へと導いた父親の忠固と共に記憶されるべき人物であろう。

ちなみに、先ほどから引用している上田市立博物館発行の史料集は『赤松小三郎・松平忠厚――維新変

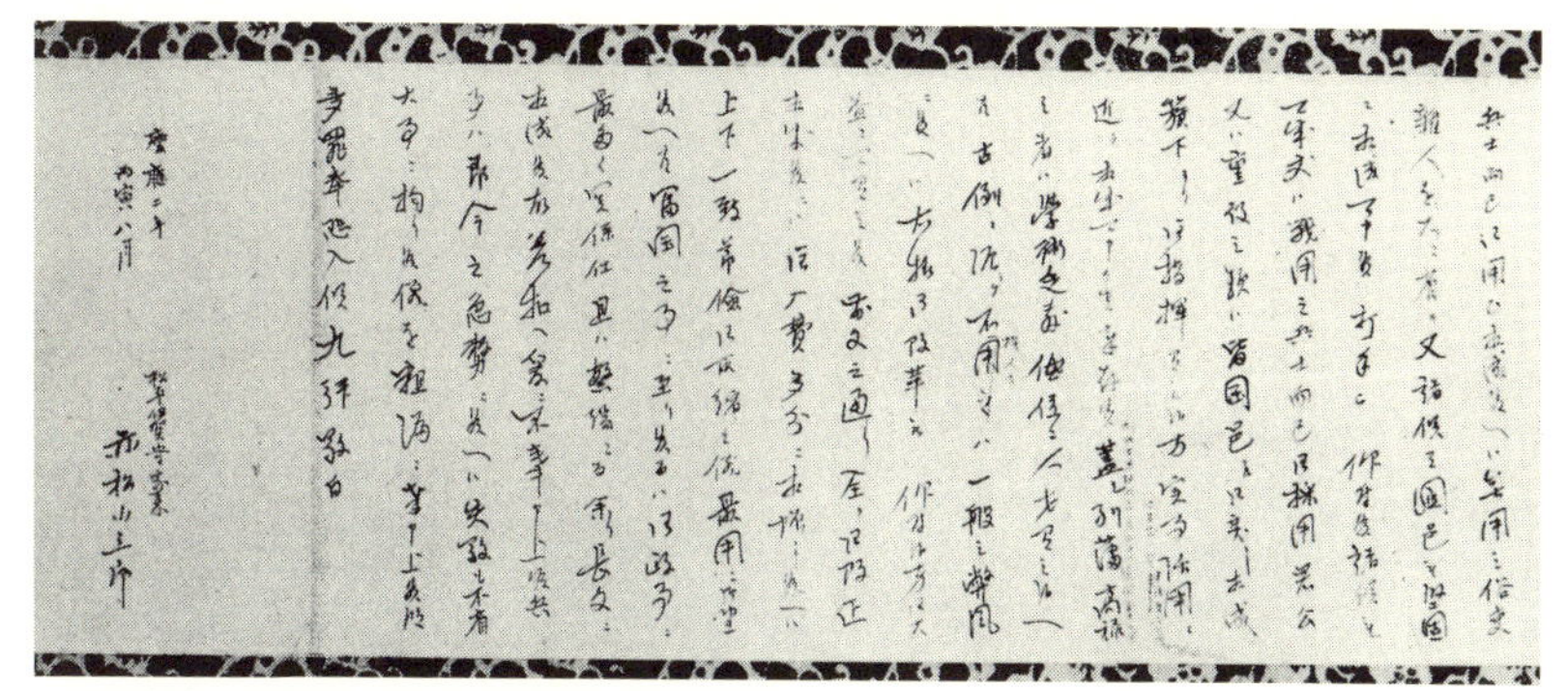

1-3　慶応二年八月の徳川公儀宛建白書（下書き）
小三郎は、公儀の対長州開戦の決断を批判し、身分によらない人材登用を訴えている。写真は、公儀への提出のための下書きとして小三郎が書いたもの。上田市立博物館蔵

1-4　最後の上田城主・松平忠礼
初代の真田昌幸から数えて12代目にして最後の上田城主となった松平忠礼。老中を務めた父・忠固の急死によって若干10歳で家督を継いだ。廃藩置県後は米国のラトガース大学へ留学し、帰国後外務省に奉職した。上田市立博物館蔵

1-5　米国初の日本人発明家・松平忠厚
松平忠固の次男。上田松平家の分家の塩崎5000石の旗本となったが、維新後は兄と共に米国のラトガース大学に留学、土木工学を修める。ニューヨークの名所・ブルックリン橋の設計の一部を担当するなど、米国における初の日本人公職者、初の日本人発明家として活躍した。上田市立博物館蔵

革前後　異才二人の生涯』であり、小三郎と共に松平忠厚の業績も併せて紹介している。

野津道貫が薩摩に招請した

話を小三郎に戻したい。恩師の下曾根信敦は慶応二年（一八六六）の一一月に、赤松小三郎を公儀・講武所（陸軍所）の教官に推薦した。その後、講武所ではなく、開成所（旧蕃書調所、のちの東京大学）から教官採用の声がかかった。講武所でなかった理由は、推測であるが、公儀がフランス兵制の導入を決定していたため、英国兵制が専門である小三郎は不要と判断されたのではなかろうか。

開成所から小三郎を採用したいという打診を受けた上田松平家は、慶応二年の一二月に、「兵制改革のために必要な人材である」との理由を挙げ、要請を謝絶してしまった。この理由について、真相はなお不明である。もしもこの時、小三郎が開成所の教官になっていたら、彼個人の運命が全く変わったのはもちろんのこと、日本のその後の歴史も変わった可能性もある。

小三郎に教官就任の要請をしたのは薩摩であった。いったい誰がどのような経緯で小三郎と薩摩をつないだのか、これまで解明されてこなかった。

小三郎と薩摩のあいだを取り持ったのは野津七次という一人の薩摩青年であった。慶応元年（一八六五）、下曾根塾で『英国歩兵練法』の翻訳をしていた小三郎は、その傍ら、野津七次に英国兵学を教えるようになっていたのである。彼こそは後年、日本陸軍随一の戦術家として知られ、日露戦争において第四軍を指揮し、陸軍元帥になった野津道貫その人である。当時、数え二五歳の向学心旺盛な若者であった。

国立国会図書館の憲政資料室に野津の伝記「道貫公事蹟」（手書き原稿で未完のまま公刊されていない）の草稿がある。そこに小三郎と野津の師弟関係にかんする記述があるのを著者は見つけた。これまでの赤松小三郎研究で引用されたことのない文献であるので紹介したい。

1-6　野津道貫
慶応元年に江戸に上り、赤松小三郎から英国兵学の教えを受けた、小三郎の一番弟子的存在。小三郎を京都の薩摩塾に招請し、塾頭も務めた。後年、日本陸軍随一の戦術家として名を馳せ、日露戦争では第四軍を指揮し、元帥となる。

「道貫公事蹟」の第九章に、「慶応元年藩命ニ依リ英式修業生被申付江戸ニ出テ麻生下曾根甲斐守門ニ入塾又同家旧塾頭麻生狸穴平本（ママ）良蔵邸ヘ英学者信州ノ人赤松小三郎ヲ聘シ専ラ英式訓練セシ」とある。すなわち、野津七次（道貫）は、英国式兵学を修行せよという薩摩の「藩命」を受けて、江戸に出て下曾根塾に入門した。当時、江戸の麻生狸穴に塾を開いていた旧下曾根塾頭の平元良蔵の邸宅で、赤松小三郎から直接に英式兵学を学んだというのである。

薩摩の江戸留守居役は、野津七次を通して赤松小三郎を招請したようである。以下の史料は、歴史作家の桐野作人氏が見つけて、著者に教えてくださったものである。謝して紹介させていただきたい。『大久保利通関係文書』の中に、慶応二年一〇月一七日と一九日の薩摩島津家江戸留守居役の新納嘉藤二から吉井幸輔宛ての書簡がある。それによれば、薩摩は江戸で英国兵学者をスカウトしようとし、その過程で赤松小三郎に声がかかった様子が窺われる。スカウトとして新納のもとで動いていたのが野津であった。

慶応二年五月、薩摩は兵制をオランダ式からイギリス式に改めている。そのため江戸において英国陸軍の兵制に詳しい人物を探し、薩摩兵たちにイギリス兵学を教授、調練も行なう指導者として招請しようと計画していた。まずは下曾根信敦の旧塾頭の平元良蔵が候補になった。新納は、平元の招請計画を大久保（一蔵）と伊地知（正治）に話したところ「至極同意」との回答を得た。

そこで平元に依頼したところ、平元は「下曾根先生の恩義を忘れがたい（師家之恩義難黙止候）」として断ったという。そこで、次の候補として赤松小三郎に白羽の矢がたったのだ。しかし新納は、「赤松小三郎も平元に従うようである」という観測を述べ、平元も赤松もダメであれば、「英国人に直接依頼するしかない（此上は英人を御頼入被成候他有之間敷）」と報告している（『大久保利通関連文書（五）』一三二頁）。

赤松小三郎と平元良蔵の関係など、なお不明な点は多いが、少なくともこの書簡から分かることは、慶応二年一〇月に、薩摩は小三郎に最初にアプローチしたという事実である。この書簡では、小三郎は応じる可能性が少ないという観測が述べられているが、実際にはこの直後に受諾したのではないかと思われる。

前掲「道貫公事蹟」には以下のように記されている。「（道貫は）赤松ヲ藩ニ聘シ京都ニ仝行教場ヲ今出川ニ開設藩邸諸訓練ヲ担任セシム」と。すなわち野津が、赤松小三郎を京都今出川の薩摩邸内の一角に開設した塾の教官として招き、薩摩兵に英国式兵学を伝授し、訓練することも依頼したようである。小三郎がそれを受諾したのも、下曾根塾にいた当時から野津を教え、十分な信頼関係が醸成されていたゆえだったのだろう。

京都での開塾

野津七次は、赤松小三郎を招請し、しばらく小三郎の塾の塾頭として京都で活動した後、慶応三年四月にいったん藩命で鹿児島に帰っている。七次の後を受けて、薩摩邸内の塾の塾頭になったのは七次の兄の野津鎮雄（のちの陸軍中将）であった。野津七次は一番信頼できる兄に後事を託したものと思われる。

「道貫公事蹟」によれば、七次は、鹿児島でさらなる藩命を受けて、横浜在住の英国人騎兵の元で騎兵学を修行することになっていた。横浜にいた英国人騎兵とは、おそらく赤松小三郎の英語の師であるアプリン大尉であろう。小三郎が、門人の野津七次をアプリンに紹介した可能性が高い。しかし、情勢の急転という理由によって横浜に向かう途中だった野津は京都で足止めされ、彼の修学計画は頓挫してしまうのであった。

慶応三年四月一二日、島津久光に従って薩摩の歩兵一～六番隊、砲兵一隊、総勢七〇〇名が入京した。赤松小三郎は、すでに京都にいた薩摩兵とあわせて総勢八〇〇名に英国兵学を教え、英国式で調練する役割を担った。その八〇〇名の中には、塾頭の野津鎮雄以下、篠原国幹、樺山資紀、東郷平八郎、上村彦之丞……など、後の日本の陸海軍を担う主要な人材がそろっていたのである。

明治四三年（一九一〇）の『上田郷友会月報』に、東郷平八郎が小三郎のことを回想して次のように述べたと紹介されている。いつ、どのような場で東郷が述べたのか詳細が明記されていないが、信頼できる内容と思われるので、紹介する。

戊辰の戦争が始まる前には私（東郷）どもは遊撃隊として京都に三年ばかり居った、其の頃上田の藩士で赤松小三郎と云ふ人が居ったが、早くからフランス式の調練を受けた人で、私どもは相国寺で此の人から毎日午前と午後と訓練を受けたものだ、此の赤松と云ふ人は実に珍しい先見の明がある人であったが、後ちに幕吏に通したとか云ふので殺されてしまったが、眞に惜しひ人物だ。（『上田郷友会月報』一九一〇）

慶応三年四月に久光らが入京する以前から、東郷はすでに前年から遊撃隊士として京都にいて、小三郎から教えを受けていた。著者は今出川の薩摩邸内（現在の同志社大学）では、薩摩の歩兵・砲兵八〇〇人の戦闘訓練をするのに十分な広さはないだろうと疑問に思っていたのだが、この東郷談話を読んで疑問が氷解した。薩摩邸の隣りは相国寺の境内であり、八〇〇人でも一〇〇〇人でも余裕で訓練するのに十分な広さがある。薩摩兵たちは相国寺で小三郎から訓練を受けたのだ。

しかしながら小三郎が、薩摩邸・相国寺でいつから教え始めたのかとなると、正確な記録は残っていない。鳥取池田家の京都留守居役の記録「慶応丁卯筆記」には、以下のようにある。「一、信州上田藩赤松小三郎と申者先年病気を申立為保養とて国を出（中略）薩藩人大ニ信用シ昨秋頃より當表之邸内ニ入　門人も多人数ニ相成り（後略）」と。

1-7　相国寺境内
小三郎は、薩摩屋敷に隣接する相国寺の境内で薩摩兵800人に英国陸軍式の軍事訓練を行なった。野津道貫、東郷平八郎、上村彦之丞など後年の日本陸海軍の司令官たちを多数育成した。（著者撮影）

鳥取の記録によれば、赤松小三郎は「病気療養」を理由に、藩命を無視して単身京都に出て、薩摩邸に出入りするようになったのは慶応二年秋頃とある。とすると東郷平八郎も、同年秋頃から翌年九月まで、一年近くほぼ毎日小三郎の教えを受けていたことになる。ちなみに、鳥取にこのような記録があるのに、当の薩摩には記録がない。慶応二〜三年の小三郎本人の日記や備忘録なども残されていない。この理由は後述する。

この時期の小三郎の動静に関しては、史料の不足から、詳細については不明な点が多いが、小三郎が京都から上田にいる兄の芦田柔太郎に宛てた手紙などが残されているため、ある程度の情報は判明している。

慶応二年（一八六六）一〇月二六日付の京都にいた小三郎から兄宛ての手紙には「英肥後藩、蘭書調べ会藩にも頼まれ」と記されている（上田市立博物館 二〇〇〇）。肥後藩から英式兵学の教授を、会津藩からは蘭書の調査などを請け負ったという意味であろう。一〇月にはすでに京都にいたことは明らかである。薩摩塾とは別に、小三郎が私塾を開いていたのは、二条城からほど近い衣棚という場所であった。

翌慶応三年三月一〇日の兄宛ての手紙では、衣棚の塾の門人の数が記されている。そこには「薩摩四人、肥後三人、大垣三人、学僕一人」とある。衣棚の塾の門人は、このように少なかった。大垣三人のうち一人は可児春琳（のちの陸軍少将）であった。東京大学史料編纂所にある「可児春淋略歴（ママ。春琳が正しい）」によれば、「慶応三年二月　薩州公御抱ノ赤松小三郎塾ニ入ル　塾頭　野津七二、樺山重兵衛、市来勘兵衛ノ時代」とある。赤松小三郎に最初に入門した薩摩四人のうち、三人は塾頭の野津七次以下、樺山重兵衛と市来勘兵衛であったことがわかる。なお樺山と市来はいずれも戊辰戦争で戦死している。

会津からも招請される

もっとも小三郎は、手狭な衣棚の塾だけで教えていたわけではなかった。前掲の慶応三年三月の兄宛ての手紙に以下のようにも記されている。「是より会藩にて建て候学校及び大藩の義理に明通仕り候小補且つ兵事開成の手助け等にて、皇国の御為少しも相成り候」と。会藩は会津藩のことである。また文中の「大藩」は薩摩を指す。会津が開設した京都の洋学校での顧問を依頼されたこと、そしてこの時期にすでに薩摩邸で兵学を教授していることも示唆している。

小三郎は薩摩のみならず会津洋学校でも顧問を務めていた。招いたのは会津の砲術指南の山本覚馬であった。会津洋学校は、京都御所の西にあり、薩摩の今出川屋敷からほど近い場所にあった。双方の塾で指導することは十分に可能な至近距離であった。当時、会津洋学校で学んでいた広沢安宅（会津公用人広沢安任の甥）は次のように記している。

1-8　長徳寺　会津洋学所跡
会津の山本覚馬は洋学教育を広めるため、この場所に門戸を開放した洋学校を設立した。京都御所の西、薩摩屋敷から徒歩15分ほどの近距離にある。小三郎は山本覚馬に請われ、薩摩塾で教える傍ら会津洋学校の顧問も務めた。（著者撮影）

覚馬は在京有司に謀り、慶應二年、藩洋学校を京都西洞院の寺院に設く。（中略）覚馬の京都に在るや、西周助、廣瀬元恭、栗原唯一、赤松小三郎等に交り、専ら西洋文明の事を研究す。（中略）又幕府の洋学侍講西周助及び上田藩赤松小三郎を請ふて顧問に充つ。（小三郎は時勢に先ち洋書を繙き已れの志を行はんとするも、藩地に於て容れられざるを以て意を決して藩地を去り、京都に出て丶私塾を開き、来り学ぶものには何藩人を問はず教授したり）（広沢『幕末會津志士傳』）。

広沢安宅は、会津洋学校で学んでおり、従って赤松小三郎本人も直接知っていたはずの人物である。ここに書いてあることは信頼のおけるものであろう。小三郎は、山本覚馬の依頼を受けて顧問になったのだ。「来り学ぶものには何藩人を問はず教授したり」とあるのは、小三郎の人柄が偲ばれる記述である。

どのような経緯で赤松小三郎と山本覚馬が知り合ったのか、そこまでは述べられていない。これは著者の推測であるが、山本覚馬は佐久間象山の弟子であったことから、生前の象山が覚馬に小三郎のことを伝えていた可能性もあるだろう。

赤松小三郎と共に会津洋学校の顧問になったのが西周助とある。後の西周（にしあまね）のことである。西周については、明治になってから明六社社員として啓蒙活動に尽力したこと、また「科学」「哲学」「心理学」……など数多くの学術用語を日本語にしたことでも知られている。あるいは、西は、津田真道と共にオランダに留学し、津田と共に日本人最初のフリーメイソンの会員になったとして記憶している方も多いだろう。西は、オランダからの帰国後、徳川慶喜の側近に取り立てられ、当時は京都で塾を開いていたのである。

注目すべきことに、小三郎、覚馬、西周の三名はそれぞれ初期の憲法構想というべき建白書を出している。しかし、小三郎、覚馬の民主的な構想に比べ、西周のそれは「大君専制」とでも言うべき徳川家中心の政体構想であった。

小三郎が講義で伝えた輿論政治

赤松小三郎の講義の様子を紹介しよう。上田出身で文部省の維新史料編纂課にいた松尾茂は、大正年間に公務の一環として赤松小三郎にかんする史料の収集も行なった人物である。松尾は、一九一九年八月一七日、小三郎の門人で、陸軍少将となった可児春琳を故郷の大垣に訪問し、病床の可児から小三郎の講義の様子を聞き取っている。

可児は、「講義は毎日午前三時間、午後二時間、午前は専ら英国式の歩・騎兵の錬法と射撃に関するもの、午後は世界最近の戦史、窮理学、航海術のことでした。課外として時々世界の政治組織についての講義があった」と述べている。小三郎は英国式兵学のみでなく、「課外」として、世界の政治組織についても講義していた。その講義の様子は、可児によれば次のようであったという。

先生は常に輿論政治を主張して居られた「如何に賢明なる人とても神でない限り思ひ違い、考へ違ひがある。又少数の人が事を行ふ場合、感情、誤解、憎悪が附随するから失態がある。是非これは多数政治に據らねばならぬ――。」先生は丁度今日の議会政治を主張しました。それは未だ開国するとかせぬとかかまびすしい時でしたから驚きました。（中略）

「外国の亡国の例を見るに、皆此の身分や階級の為、人材を野に棄て、貴族と称する輩が自己の無能を顧みずして専横を振舞ふたにある。（中略）多数の選挙によって選んだものを宰相とするのである。英国式を参考として日本の国柄に合はせるがよい。」常に先生はかく説かれてゐた。（千野 一九三五年五月：七三頁）

小三郎が主張していた「輿論政治」という言葉は、今日では死語になってしまった。日本語として是非とも復活させねばならない概念である。「輿論（ヨロン）」という概念は、今では「世論（セロン）」に置き換わってしまったのであるが、本来は全く違った意味で使われていた。

この点に関しては、佐藤卓己氏の『輿論と世論』に詳しい。「世論」とは世上の雰囲気、世間の空気のことである。それは操作されたり扇動されたりしやすく、移り変わりも激しい。それに対し「輿論」とは、公的な場で、感情に流されず、理性的に討議された上でしっかりと練られ、形成された公的な意見のことである（佐藤 二〇〇八）。

「民主主義」とは、決して移り変わりやすく流されやすい世論に迎合することではない。国民が、私欲に流されず、道理をわきまえた議員を選出し、議員たちが議会で公に議論して練り上げ、公的な政策を形成し、行政がそれを執行していくこと、すなわち「輿論政治」を実現することなのだ。

小三郎は、慶応年間に人民平等と民主主義への希求を、かくも明瞭に、情熱的に、若き門人たちに伝えていた。貴族を「無能」と呼び、無能を自覚しないまま世襲で権力を得た者たちの専横が、諸外国における亡国の原因であると激しく断罪していた。世襲権力に対する怒りが、小三郎の政治活動の原動力であった。この可児が伝える講義の内容は、先に徳川公儀と上田侯松平家に提出した建白書の主張とも合致する。

小三郎は、大垣出身の可児を含め、肥後、鳥取などの門人たちを、京都今出川の薩摩屋敷の塾に連れていき、薩摩の武士たちと一緒に講義を受けさせていたようである（その根拠は後述する）。すなわち、可児が聞いたのと同じ言葉を、野津鎮雄、野津道貫、東郷平八郎、上村彦之丞ら、後年の日本陸海軍の司令官たちも聞いていたはずである。

小三郎は、「英国式を参考として日本の国柄に合わせる」として、「米国式」ではなく「英国式」にこだわっていた。小三郎は、アメリカの大統領のように、個人に大きな権限を集中させることは、決断の際の思い違いや、個人的な感情に左右されるリスクがあり、失敗につながりやすいと考えていた。それゆえ、多数が合議して結論を下す「輿論政治」を主張した。大統領制よりも、こちらの方が日本の国柄に合致していると考えたのである。

小三郎を探索させていた大久保利通

公刊史料である『大久保利通関係文書』の中に、大久保一蔵（利通）らが、小三郎を怪しんでその身辺を探索させていたのではないかと思われる史料があるのを、著者は見つけた。これまでの赤松小三郎研究では言及されたことのない文書であり、また大久保利通研究でも注目されてこなかったと思われるので紹介したい。

その史料とは、年代不詳の六月七日付の書簡である。文書の差出人は、内田仲之助（政風）、村田新八、田中清之進の三名、宛て先は大久保一蔵（利通）と吉井幸輔（友実）の二名である（『大久保利通関係文書（五）』三〇六頁）。年代は不詳であるが、以下の解釈が正しければ、慶応三年六月七日付の書状のはずであ

1-9　大久保一蔵（利通）
赤松小三郎に猜疑心を抱き、その身辺の探索を命じていた。

る。固有名詞が一切出てこない書き方がされている。これも薩摩の情報統制を物語っているのかもしれない。

まず内田、村田らは、昨夜料亭で大久保らから御馳走になった礼を述べ、ついで「可然先生御雇之儀如何可有之哉諸生衆被聞合先生罷在候ハ、是仕合之事ニ付精々探索被致候」と書いている。この「先生」とは赤松小三郎を指すのだろう。然るべき先生として赤松小三郎を迎え入れたことに対して、「本当に赤松を信頼して大丈夫なのか？」と大久保や吉井などが懸念して問い合わせていた様子が窺われる。こうした懸念に対して、内田、村田らが、小三郎の身辺を「これは仕合のことなので精々探索させます」と回答したのだろう。探索方に指名されたのが中村半次郎らであったのだろう。

続いて、内田と村田らは「人気紛擾ニ而いまた先生共塾張候ものも無之張候ものは家内狭少等ニ而断候由いたし方無御座候」と書く。塾の人気が高まり入塾希望者が殺到し、困惑している様子が伝わる文章である。「いまた先生共塾張候もの」とは、元からの小三郎の塾生だった者たちが、そのまま薩摩邸に出向いて一緒に受講していることを指しているのだろう。それ以外の新規の入塾希望者については、藩邸の手狭を理由に断るという方針が述べられている。

ここから窺えることは、薩摩塾においては、少なくとも六月七日の時点では、小三郎の衣棚の塾生も一緒に学んでいたという事実である。赤松小三郎は、薩摩の招請を受け入れたからには、衣棚の塾生を指導する十分な時間が取れなくなってしまう。そこで小三郎は、衣棚の塾生も薩摩兵たちと一緒に授業を受けること、またその他の入塾希望者にも門戸を開くことを条件に薩摩の招請を受け入れたのではないかと思われる。小三郎は「藩」の垣根を越えた、「国民軍」の創設を目指したのだ。それで入塾希望者が殺到することになった。

大久保と吉井は、その事態を危ぶみ、新規の入塾希望を断るように指令したのであろう。それに対する回答が「邸内の手狭を理由に断る」ということだったのであろう。

続いて「書籍散乱不致儀ハ夫々規則相立置申候」と書かれている。「書籍」とは赤松小三郎の訳書『英国歩兵練法』のことであろう。

『英国歩兵練法』は、先に見たように下曾根塾から出版されていたが、刊行後に誤訳等も見つかっていた。そこで薩摩は、イギリスで一八六四年に出版された最新の改訂版原本に基づいて、今度は小三郎単独での新たな翻訳を依頼したのであった。その翻訳は、慶応三年五月に完成し、『重訂英国歩兵練法』（全七編九冊）として刊行された。島津久光はその完成を大いに喜び、小三郎に当時の世界でも最新式といわれる騎兵銃を与えた。下曾根版が青い表紙であったのに対し、薩摩版は赤い表紙であったことから、『重訂英国歩兵練法』は「赤本」と呼ばれた。

先の書簡からは、最新式の英国陸軍の歩兵の練兵と戦闘法が記された『重訂英国歩兵練法』について、大久保と吉井は、軍事機密として厳重に管理せよと指令し、内田と村田らが「邸外に流出しないように、塾内の規則を立てる」と回答したことが窺える。大久保と吉井は、赤松小三郎に対する猜疑心を持ち続けていたようである。

三通の「御改正口上書」——越前・薩摩・徳川政権

赤松小三郎は、慶応三年（一八六七）五月一七日に前の越前侯にして公儀・政治総裁職も務めた松平春嶽に「御改正之一二端奉申上候口上書」、同じく五月（日付不明）に薩摩の国父の島津久光に「数件御改正之儀奉申上候口上書」を提出している。内容は、ほぼ同じであるが、島津版には春嶽版にない文言がいくつか加筆されていることから、島津版の方があとに書かれたものと思われる。加筆した文言に関しては次章で紹介したい。原題は、共に略せば「御改正口上書」となるので、本書ではこの略称を用いる。

さらに本書執筆中、歴史作家の桐野作人氏によって、第三の「御改正口上書」が発見された。小三郎は徳川政権にも同様な建白書を提出していたことを裏付ける史料が発見されたのだ。慶応三年五月、小三郎は、少なくとも越前、薩摩、徳川政権の三か所に建白していたことが明らかになってきたのである。

近年に至るまで、議会政治を提唱する赤松小三郎の建白書は、松平春嶽に提出したものが唯一のものとして知られていた。松平春嶽版の建白書は、春嶽の政治記録書である『続再夢紀事』に全文が転写されているため、その存在が明らかであったのだ。『続再夢紀事』の慶応三年五月一七日の記録として、「同日赤松小三郎来り意見書を出す　赤松ハ松平伊賀守殿の臣なり　今左にこれを附記す」と記され、小三郎建白書の全文が転記されている。従来、小三郎は松平春嶽に単独で先進的な建白書を出したものの、春嶽は相手にせず、時勢には影響を与えることなく歴史の中に埋もれてきたと解釈されることが多かった。

平成になって、島津久光が収集・整理した文書が『玉里島津家史料』として公刊された。その第五巻（一九九六年刊行）に、赤松小三郎が島津久光に提出した建白書も収録されている。赤松小三郎は、島津久光にも春嶽宛てと同様の建白書を出していたのだ。このような基本的な事実も、それ以前は知られていなかった。実際、『玉里島津家史料』公刊以前の赤松小三郎研究において、管見の限り、島津久光への建白書が言及されたものは皆無である。

小三郎直筆の「御改正口上書」の原本も、近年に至るまで現存しないと考えられてきた。著者もメンバーである赤松小三郎研究会の事務局の小山平六氏が、二〇一四年に玉里島津家史料を保管する鹿児島県歴史資料センター黎明館に問い合わせたところ、黎明館に所蔵されているのは小三郎直筆の原本らしいことが判明した。上田市で活動する赤松小三郎顕彰会（伊東邦夫会長）が、黎明館所蔵の直筆の建白書のレプリカを作成し、二〇一六年四月から上田城の二の丸にある「赤松小三郎記念館」で一般公開されている。島津久光は、小三郎が提出した建白書を持ち帰って大切に保管し続けたのである。この事実は重要なことを示唆しているように思われるので、追って考察したい。

今回の桐野作人氏の発見は、盛岡藩の記録『慶応丁卯雑記』に、赤松小三郎が「幕府」に提出した建白書として、「御改正口上書」の全文が転写されていたという事実である（『信濃毎日新聞』二〇一六年六月一日付）。『慶応丁卯雑記』には、「赤松小太郎卯五月幕府え建白」と書かれている。「小三郎」ではなく「小太郎」と書かれているのは転記ミスであろう。それに続いて、「数件御改正之儀奉申上候口上書」として、小三郎が島津久光に出した建白書と同様の文章が転載されている。小三郎が慶応三年五月に建白書を「幕府」に出した現物の記録は発見されていないが、盛岡が「幕府」の書類の中からそれを書き写しているということは、確かに小三郎が「幕府」にも提出していたことの間接的な証拠になる。

小三郎の建白書の全貌は次章で検討するが、ここで要点のみ簡潔に紹介したい。小三郎の建白書は、普通選挙で選出された議会が国事をすべて決定するという統治機構論、さらに法の下の平等・個性の尊重などの人権条項をも含む内容であり、日本最初の民主的な憲法構想といってよい内容であった。

小三郎の構想では、天皇家と幕府とを合体した上で統一された政権を新たな「朝廷」すなわち行政府とし、それとは別に新たに立法府としての「議政局」を設置する。議政局は、全国民の中から普通選挙によって議員を選出する「下局」と、諸侯・公卿・旗本の中からやはり選挙によって選出する「上局」からなる。この議政局が、「国事は総て決議」する。議政局は国権の最高機関であり、行政府はその決議に従わなければならない。議政局の決議に対しては、たとえ天皇といえども拒否権を行使できない。また議政局が、首相以下六人の閣僚と各省高官の人選も行なうという議院内閣制も提起している。

この文書は、その存在が明らかであるにもかかわらず、近年に至るまで明治維新研究者のあいだでスルーされてきた。ほぼ黙殺され、誰も言及してこなかったのである。この理由は第3章で考察したい。しかしながら、既存の「明治維新の物語」の正統性が揺らぐなか、変化の兆候が見られる。明治維新史学会に所属する研究者のあいだでも、この文書に注目する研究者が増えつつある。

薩土盟約と大政奉還建白書

明治維新史学会（編）『講座明治維新　第二巻　幕末政治と社会変動』は、戦後に書かれた明治維新研究者の手による学術書の中で、初めて赤松小三郎の建白書の持つ明治維新史上の意義を位置付けたものである。戦後の明治維新研究者のあいだで不遇に扱われてきた、というより「扱われる」ことすらなく、無視され続けてきた赤松小三郎に、初めて研究の光が当てられたといってよいだろう。

同書の編者である青山忠正氏は、同書所収の論文「慶応三年一二月九日の政変」において、小三郎の建白書が薩摩と土佐のあいだで結ばれた「薩土盟約」に与えた影響を指摘し、次のように述べる。

> 土佐の提案に含まれる上下両院による議院制について、薩摩側がどう受け止めていたか、といった政体構想の内容的な理解の仕方やきっかけについては、まだ見落とされていた部分があったように思う。大久保・西郷にせよ、政変後の政体を、どのように作り上げるかについて、具体的な構想を示していないのである。（中略）この点について大きなヒントを与えるものが、先に触れたように、五月に赤松小三郎が、久光および春嶽に呈した建言書である。（青山 二〇一一：二二五頁）

「薩土盟約」は、慶応三年（一八六七）六月二二日、薩摩と土佐のあいだで結ばれたもので、政権を徳川家から朝廷に返還させた上で、議会を設立し憲法の制定を求める約定である。その「約定書」の全文は本書の巻末資料に収録している。その内容は次章で詳述するが、下院議員は庶民を含めた全国民を対象として選挙で選ぶとされており、小三郎案と同様、民主的な内容を持っていた。「約定書」にはさらに、地球のどこの国と比較しても恥じることのない憲法を制定しようという崇高な理念も語られていた。

従来、土佐から薩摩に働きかけて、徳川慶喜に将軍辞職と大政奉還を建白する協定であると考えられてきた。兵力を整えた上で、徳川慶喜に大政奉還を建白し、受け入れられればそれでよし（土佐の思惑）、受け入れられなければそれを口実に挙兵する（薩摩の思惑）、のだと。しかし、土佐が六月下旬に上下両院制の議会政治を取り入れた大政奉還構想を薩摩に提示した際、薩摩はすでに小三郎を通してその案を提示され、内容を十分に理解し、受け入れの準備ができていたと思われる。薩摩は土佐の提案に受け身だったわけではないのである。

後日、薩摩が盟約から離脱し、土佐が単独で徳川政権に大政奉還建白書を提出することになる。土佐の「大政奉還建白書」とは、薩土盟約の約定書から、慶喜の将軍職辞職要求を取り除き、代わりに教育の振興と軍備に関する項目を加えたものであった。それ以外の内容は同様なのである。

青山氏は、慶応三年六月の薩土盟約の構想に、赤松小三郎の建白書が影響を与えた可能性があるとして、次のように論じている。

> この内容（注：赤松建白書の内容）は、一ヵ月ののち、土佐が提案し、薩摩・越前・芸州・尾張以下が賛同する「王制復古」構想と、基本的に矛盾するところがない。具体的に、この赤松建言を、薩摩・越前が、どのように受容したか、また土佐・芸州・尾張などに情報として提供したか、などは判断の直接の手がかりがないが、全く伝えなかったとは考えにくい。土佐側にしても、政体構想の参考に供した可能性が大きい。（青山　二〇一一：二二九頁）

薩土盟約約定書の原案は坂本龍馬に由来するというのが通説であった。すなわち坂本龍馬が後藤象二郎に「船中八策」を提示し、後藤がその案をもとに山内容堂を説得して藩論としてまとめ、薩摩側に提示したという理解である。

しかし第2章で詳しく述べるように「船中八策」という文章は実在しなかった可能性が高い。また仮に存在したとしても、「船中八策」には普通選挙を求める文言などは盛り込まれておらず、薩土盟約ほどの豊富な内容を持つものではない。坂本龍馬が、薩土盟約の原案をつくったという通説はきわめて疑わしいのである。

『続再夢紀事』を読むと、小三郎が春嶽に「御改正口上書」を提出したのは慶応三年五月一七日であり、四侯会議の最中であった。その日の春嶽は、島津久光、山内容堂、伊達宗城と会議を持ち、長州の寛大処分案などが四侯のあいだで合意された。会議が終わって、春嶽が帰邸したところに小三郎が訪れ、建白書を提出している。春嶽はさぞ疲れていたであろうに、よく小三郎と会ったものだと思う。

小三郎が四侯会議の最中に、薩摩と越前に建白書を出しているということは、残りの二侯である土佐の山内容堂と宇和島の伊達宗城にも、その内容が伝わっていた可能性は高い。さらに今回、小三郎が、越前や薩摩などの四侯側と共に、徳川政権の側にも同様に建白していたことが明らかになった。この事実を発見した桐野氏は、四侯会議によって、薩摩と「幕府」の協調の契機になり、「建白の実現性が高い、と赤松は見込んでいたのではないか」と話している（『信濃毎日新聞』二〇一六年六月一日付）。

小三郎は、「四侯会議」に照準を合わせて建白書を準備し、四侯側と徳川政権の双方に提案し、両者協調の下で、議会政治の実現を目指していたのだ。小三郎の建白書は、慶応三年五月の段階でかなり広範に流布され、新政府構想のたたき台として機能していた可能性が高いといえるだろう。

兄・柔太郎宛ての手紙などから、小三郎は公儀若年寄格の永井尚志や目付の原市之進や梅沢孫三郎らと接触し、話し合っている様子が窺われる。おそらくは永井や原のラインで、公儀宛ての「御改正口上書」

を提出したのであろう。徳川慶喜にも直接会って内容を伝えた可能性もある。中村半次郎は、小三郎が慶喜にも会っているとして「幕奸」である証拠と日記に記している。公儀としても、土佐から大政奉還建白書を提出される以前に、小三郎から「御改正口上書」を提出されており、朝廷を行政府とし、新たに上下の立法府をつくるという構想について理解していたのだ。

小三郎が暗殺された後、永井尚志は、土佐の後藤象二郎に対し、早く大政奉還の建白書を出すようにと督促していた。永井は大政奉還の後に議会政治を導入するという構想を、事前に小三郎などと共に話し合い、前向きに検討していたのであろう。それゆえ、土佐から大政奉還と議会政治を求める建白書が提出されるのを、期待して待っていたのであろう。

こうなると、坂本龍馬から後藤象二郎に「船中八策」が提示され、容堂もそれに同意して大政奉還構想がまとめられ、幕府は土佐の献策によってそれを受け入れたという、既存の「物語」がひっくり返る。青山氏は、前掲論文で「のち明治以降、田中光顕をはじめとする土佐閥の政治家によって、『坂本龍馬像』が形成されるとき、そこには赤松の事蹟が少なからず投影されているように思われる」と述べている（青山 二〇一一：二三〇頁）。

西郷隆盛の転向

薩土盟約の「約定書」に記された立憲主義の方向性は、盟約の中心人物だった後藤象二郎や小松帯刀はもちろん、西郷隆盛も支持していた。武力討幕派の筆頭のように思われている西郷隆盛も、この時点では国民議会構想を推進していたのだ。

イギリスの外交官アーネスト・サトウは、薩土盟約が結ばれた翌月の七月二七日と二八日の二回にわたって西郷と会談している。そのとき、西郷は「国民議会」の構想を熱心に論じたとサトウは証言している。

西郷は、現在の大君（タイクーン）政府の代わりに国民議会を設立すべきであると言って、大いに論じた。私は友人の松根青年から、反大君派の間ではこうした議論はきわめて一般的になっていると聞いていたが、これは私には狂気じみた考えのように思われた。（サトウ『一外交官の見た明治維新（下）』：四五頁）

西郷も、この時点では全国民に参政権を与える国民議会の開設を訴え、その実現に向けて努力していたのである。サトウが「反大君派の間ではこうした議論はきわめて一般的になっていると聞いていた」と証言していることも注目される。国民議会構想は一般的な常識になりつつあったのだ。またサトウが「狂気じみた考え」としてこれを否定しているのはさらに注目される。

西郷は、慶応三年五月一二日の島津久光への建白書においては、「天下の政柄（政権）は、天朝へ帰し奉り、幕府は一大諸侯に下り、諸侯と共に、朝廷を補佐し、天下の公議を以て所置を立て」と述べている（『西郷全集』第二巻）。西郷がこの建白書を出したのは、小三郎が久光宛ての建白書を出したのとほぼ同時期である。この時点では、西郷においても「公議」が前面に出ており、小三郎の「御改正口上書」の趣旨と矛盾しない。

しかるに、それから三か月後の八月一四日には、薩摩と長州で具体的な挙兵計画が立案された。この挙兵計画では、赤松小三郎が英国式で訓練したところの在京の薩摩兵一〇〇〇人の部隊を三つに分け、御所の守衛を襲撃し、天皇を拉致して京都南部の男山に移し、会津邸と幕兵屯所を同時に焼き討ちし、その上で「討将軍」の布告を出し、大坂城を急襲してこれを奪い、大坂湾の幕府艦隊を粉砕するという計画であった。このとき西郷の脳裏からはすでに「公議輿論」が消え、広く兵力を興して、万機を武力で決しようとするようになっていた。

薩摩が薩土盟約を破棄して武力討幕路線に踏み切った理由、あるいは西郷の心変わりの背景に何があったのか、まだ十分に解明されているとは言い難い。家近良樹氏は、西郷が武力討幕を固めた理由として、「一、長州藩士をはじめとする諸藩士や過激派浪士の突きあげ」および「二、挙兵をめぐる薩摩藩内の意見対立の先鋭化」という二点を挙げている（家近 一九九五：二一〇頁）。

一番目の理由は納得できる。当時、長州は品川弥二郎、山縣有朋、世良修蔵などを相次いで入洛させ、薩摩邸に常駐させ、薩摩に武力討幕の決起を督促していた。長州側からの圧力は大きく作用していただろう。しかし二点目の理由は疑問である。「挙兵をめぐる藩内の意見対立の先鋭化」というのは、挙兵を踏みとどまる理由にこそなれ、決断を促す理由になるだろうか。

当時、薩摩には挙兵に反対する勢力が強かった。後述するが、小三郎の門人でもあった在京の薩摩兵の中には、西郷の挙兵計画に反対する者が多く、決行するならば逆に西郷を討とうという勢力も存在した。通常であれば、そのような状況であえて挙兵を強行するのはリスクが大きく、決断を躊躇する要因にしかならない。西郷にとって、長州よりも味方の中の反対派勢力の方が脅威であったはずだ。

西郷に武力蜂起を促したアーネスト・サトウ

歴史学者はなぜか指摘することがないようであるが、西郷に対し、長州と組んで直ちに挙兵することを促したことが明らかな人物が一人いる。前掲のアーネスト・サトウである。

サトウの日記には、西郷は七月二八日の会談において、「大君政府に代わって、『議事院』すなわち国民議会を樹立すべきだと論じた」と書かれている（萩原 二〇〇七：二七九頁）。サトウは先に見たように、『一外交官の見た明治維新』の中で、西郷の国民議会構想を、「これは私には狂気じみた考えのように思われた」と述べている。サトウは西郷に対し、「狂気じみた考え」を放棄するように促したことが窺われる。

なぜ議会政治を導入しようという考えが「狂気」なのか、サトウは著書の中で全く説明していない。正当性をもって説明できる理由ではないのだろう。

サトウによれば「反大君派の間ではこうした議論はきわめて一般的になってい」た。サトウの友人の松根内蔵は宇和島の家老の息子であるが、彼も熱心な国民議会論者であったと書いている。何も小三郎のみが突出して先進的だったわけではない。江戸時代の日本人の民度は高かった。

西郷が大久保一蔵に送った手紙によれば、サトウは、幕府はフランスと組んで両三年のうちに軍備を整えて薩摩と長州を押しつぶそうとするであろうから、薩長は武力で対抗すべきであり、イギリスも軍事的支援をする用意があると述べた。これに対し、西郷は、外国に助けてもらっては日本の面目が立たないとサトウに伝えたと書いている（『西郷全集』第二巻：二三一〜二三六頁）。

サトウは、急がないとフランスは大君政府への支援を本格化して諸侯を打ち砕くと脅し、その準備が整わないうちに挙兵した方がよいと西郷に促し、軍事援助の申し出までしたのだ。フランスの脅威を煽り、イギリスは助ける用意があると促したことが、西郷が薩土盟約を放棄し、武力討幕路線に転換する大きな要因ではなかったか。

萩原延壽氏は『遠い崖』において、このときの西郷－サトウの会談について、サトウは西郷の誘導に乗って本音を出してしまっているのに対し、西郷は倒幕計画の具体的内容をサトウに語らず、サトウの方が「西郷の意のままにあやつられている感をいなめない」と評価している。日本人の持つ西郷びいきのバイアスによって、評価が歪められているように思えてならない。

著者の印象は逆である。西郷の方がむしろサトウの挑発に乗せられてしまっている。その時点までの西郷は、土佐と共に「国民議会」を樹立する方向に活路を見出していたのに、サトウにそれを「狂気」と否定され、武力決起を促された結果、頭に血がのぼって、武力討幕で腹をくくってしまったようにしか見えないのだ。実際、西郷が在京薩摩兵を使った既述の挙兵計画をまとめたのは、サトウとの会談の直後のことである。

内戦の扇動者

サトウはその年の四月にも武力による革命戦争を西郷に働きかけていた。一八六七年三月二五日（陰暦四月二九日）にイギリス公使のパークスが徳川慶喜に謁見し、パークスが、すっかり慶喜を気に入って徳川政権と接近したとき（パークスとサトウの考えは違っていた）、心配になってサトウのもとを訪れた西郷らに対し、サトウは次のように述べている。

彼ら（西郷ら）は、われわれと将軍との接近について、大いに不満であった。私は革命の機会がなくなったわけではないことを、それとなく西郷に言った。しかし、兵庫が一たん開港されるとなると、その時こそ、大名は革命の好機を逸することになるだろう。（サトウ、前掲書（上）：二五五頁）

慶喜が兵庫開港に成功して権力基盤を確立してからでは時すでに遅くなるので、その前に革命の決起をすべきと西郷に促したのだ。パークスが政治的に中立を保ち、むしろ慶喜との接近を試みていた折に、上司の意志とは無関係に、サトウは独断で西郷に対して武力決起を促していた。外交官としての立場を明らかに逸脱した行為である。

サトウは外交官でありながら、革命の扇動者として、上司であるパークスの意図に反する行為を頻繁に行なっていた。その非はさておき、もしサトウがイギリス人という立場を超えて、徳川政権を打倒し、新しい日本をつくるのに協力したいという理想に燃えていた革命家であるのなら、「国民議会」の設立を訴える西郷に対し「狂気じみた考え」として翻意を促すことは全く解せない。平和革命によって議会政治を実現しようとする考えを「狂気」と呼ぶのは、社会進歩を実現しようとする革命家の発言として、理解不能である。

その疑問を解く答えは一つしかない。サトウが期待していたのは、日本に平和的な手段で近代的な新政権ができることではなく、血なまぐさい内戦が引き起こされ、泥沼の内戦の果てに、英国の言いなりになる傀儡政権が樹立されることだったのだ。

サトウは、西郷の国民議会論を「狂気」と否定した後、翌八月に英国公使のパークスと共に土佐に乗り込んだ。イギリス人水夫二名が長崎で斬殺されたイカルス号事件で、坂本龍馬の海援隊の隊士が下手人と疑われていた事件を口実として、土佐に乗り込んで後藤象二郎ならびに山内容堂と直談判している。殺人犯が土佐人である証拠はなかったにもかかわらず（実際、犯人は土佐人ではなかった）、強引に土佐の犯行と決めつけて乗り込んでいったのだ。土佐がこの事件の処理に追われて動けないでいるうちに、薩摩は、後藤の遅延を一つの口実にして薩土盟約を破棄してしまうのである。

サトウが土佐まで乗り込んだ目的はイカルス号事件にあったとは思えない。イカルス号事件は口実でしかなく、土佐首脳に国民議会論などという「狂気」を放棄させ、長州・薩摩と共に武力革命に決起するよう促すことに主眼はあったと思われる。サトウは山内容堂と会談した折の感想として「容堂の意見から判断すると、彼は偏見にとらわれず、その政治的見解も決して保守的なものではなかった。しかし、薩摩や長州と共にあくまで変革の方向に進んでいく用意があったかと言うと、それはどうも疑わしかった」と率直に述べている（サトウ、前掲書：六五〜六六頁）。

この発言からも、サトウは土佐に対し、薩長と共に武力討幕に踏み切るべきだとけしかけていたことが窺われる。容堂が挑発に乗らなかったため、落胆している様子、明らかであろう。容堂と後藤は、公儀を説得して大政奉還を実現させ、平和裏に議会政治を導入する方向が実現可能と信じていた。実際そうであったし、それが正しかったのだ。

このあとサトウは、土佐の坂本龍馬、佐々木三四郎と共に長崎に赴き、九月一二日には長州の桂小五郎（木戸孝允）と伊藤俊輔（博文）と会い、やはり革命の決起を促している。サトウはここで何を言ったか、自著には書いていない。しかし、桂小五郎が坂本龍馬に宛てた手紙によれば、サトウは大意で次のように語ったという。「三藩（長・土・薩）で大変革の決起をすべきであり、それができないのであれば、ヨーロッパの諺にある『老婆のつくり話』（old wives' tale）のようなものだ。口先だけで、男とはいえない」と。サトウからこのように挑発された桂小五郎は、龍馬に対し、英国人にこんなことを言われてしまっては「神州男子の大恥辱」と書いている（萩原 二〇〇七：三二六〜三二八頁）。

サトウはこのように、至るところで過激派「志士」たちを挑発し、武力決起を促して回っていた。サトウが武力革命を鼓舞して回った背景はじつに単純であろう。薩長に武器を売りつけて儲けようとしていた長崎のグラバー商会のトーマス・グラバーは、サトウの盟友であった。グラバーは、薩長と「幕府」とを問わず、武器取引で儲けようと、大量の武器を仕入れていた。内戦が起こってくれなければ困ることになる。

当時、在横浜の英国公使館の二等書記官でサトウの上司であったミットフォードは、イギリス公使のパークスとフランス公使のロッシュとを比べ、両者は対日政策の主導権争いで「お互いに憎み合い、二人の女のように嫉妬し合っていた」と述べている。そうした中で、パークスがロッシュに勝ることができたのは、サトウとグラバーという二人の英国人の非凡な能力によるところが大きいと評価している（『英国外交官の見た幕末維新』一九〜二〇頁）。ミットフォードが言わんとしているのは、慶喜を支援したロッシュに見る目がなく、薩長を支援したサトウとグラバーに先見性があったということである。薩長支援は、英国外交にとっては「大成功」だったかも知れないが、多くの日本人にとっては不幸の始まりだったのだ。

英国にとって、日本国内を内戦で混乱させ、武器を売却して儲け、自らの言いなりになる傀儡政権を樹立するのがもっとも好都合だ。英国人の血は一滴も流さず、武器を売却して儲けた上で、自分たちの影響下にある政権をつくれるのだから……。

時代は下って二一世紀の現代に至っても、英国後継の覇権国である米国の戦略は、当時の英国のそれを引き継いでいる。

小三郎最後の闘い

ひとたび薩土盟約の平和革命路線に向かった西郷が、ふたたび武力討幕路線に転換するなか、小三郎は、その西郷をさらに翻意させようと説得に努めていた。慶応三年七月一六日付の兄・芦田柔太郎宛ての手紙で小三郎は、「只各藩兵を募り兵力を以て権を取り候様なる形成と存ぜられ候。（中略）迚も日本良国に成り候目的もこれ無く、只各万国普通の道理を学び候の外これ無き事と存じ奉り候」と書いている（上田市立博物館 二〇〇〇：四〇頁）。

「各藩が武力頼みで権力を奪取しようとしている」という不穏な情勢に、小三郎が焦燥感を募らせている様子がよく伝わってくる文章である。小三郎は、「これではとても日本が良国になるわけもなく、ただ万国普通の道理（＝議会政治・立憲主義を指す）を学んでいくしかこの危機を回避する方法がない」と訴えている。

小三郎は、これと同じ言葉を、薩摩の島津久光や小松帯刀や西郷隆盛、そして公儀目付の永井尚志、原市之進、梅沢孫太郎らにも懸命に説いて回っていたに相違ない。八月一七日に兄の柔太郎に宛てた手紙には次のように綴られている。


（前略）小生は幕薩一和の端を開き候に懸り、西郷吉之助え談合し、幕の方は会津藩公用人にて談じ始め居り申し候。小生は梅沢孫太郎（幕府目付）、永井玄蕃公（尚志）え説く。少しは成り申すべき見

込みに候。（後略）（上田市立博物館 二〇〇〇：四一頁）

小三郎は、薩摩が武力討幕路線を固めた段階にあっても、「幕府」と薩摩を和解させようとしていた。薩摩の西郷吉之助（隆盛）、「幕府」の永井尚志などに談判し、最後まで内戦の発生を回避させようとしていた。「少しは成り申すべき見込み」とあるように、八月一七日の段階でも、まだ希望を捨てていなかったようである。

なお、この文章中に出てくる「会津藩公用人」とは山本覚馬のことであろうと思われる。山本覚馬本人が、この時期、赤松小三郎に依頼して薩摩と会津の和解の周旋をしていることを書き残しているからである。鳥羽伏見の戦いの後、薩摩藩に捕縛されていた山本覚馬が、失明の不幸の中、慶応四年三月に薩摩に提出した「時勢之儀に付拙見申上候書付」という上申書がある。覚馬は、会津と薩摩の仲介をして欲しいと小三郎に依頼して小松と西郷に交渉してもらっていたと書いている。原文は難解な漢文であり、現代語訳で一部引用したい。

［現代語訳］
これまでのいきさつを洗い流し、あれこれの嫌疑を氷解させたく思い、昨年の六月（慶応三年六月）に私は赤松小三郎に依頼して貴藩の小松（帯刀）氏と西郷（吉之助）氏にその事を申し伝えたところご同意いただきましたので、幕府監察（目付）にも申し上げたところ取り合っていただけませんでした。よって、さらにあれこれと奔走周旋したのです。（青山霞村『山本覚馬』）

山本覚馬は、薩摩の誤解に基づく会津への「嫌疑」を氷解させようと、赤松小三郎に依頼して、西郷や小松の説得に当たらせていた。薩摩も一度は小三郎の説得に同意したはずではないかと問うているのだ。

小松と西郷が「ご同意」したと、覚馬が記す慶応三年六月というのは、赤松小三郎が島津久光に「御改正口上書」を建白した翌月である。六月二二日には薩土盟約が結ばれ、薩摩が、大政奉還を建白し、議会政治を実現させようという方向に進んでいた時期である。薩摩の「ご同意」とは、武力討幕以外の選択肢を持った、この時期の方針転換とも符合する。

この山本覚馬の証言は、西郷が、武力討幕ではなく平和革命の方向に踏み出した背後に、赤松小三郎の説得もあったことを裏付けるものである。覚馬は、薩摩が同意したその方向性を「幕府」にも飲ませようと、目付にも説いたが、こちらは相手にしてもらえなかったと書いている。いずれにせよ、大政奉還のために運動していたのは後藤象二郎や坂本龍馬のみではなく、赤松小三郎も山本覚馬も、それぞれの持ち場でこのように努力していたのだ。

山本覚馬の「管見」

翌年に鳥羽伏見の戦いが勃発すると、山本覚馬は薩摩に捕らえられる。薩摩屋敷の牢獄に囚われの身となり、視力も失いながら、慶応四年六月に「管見」という意見書を書いた。「管見」の中では、議会政治、三権分立、学校建設、殖産興業、通貨改革、肉食の奨励などの提言がされ、小三郎の「御改正口上書」と重なる部分が多い。しかし、提言の幅は小三郎よりもさらに広い。覚馬は、太陽暦への転換、長子相続から均分相続への転換、女子教育の振興などの近代化政策から、製鉄業、醸造業の振興など個別の産業振興政策に至るまで合計二三項目にわたる広範囲かつ具体的な提案をした。覚馬は失明しつつも、明治になって京都府の顧問、初代京都府議会議長などを務め、「管見」で描いた数々の近代化政策を京都において着実に実行に移していくのである。小三郎の志は盟友の覚馬に継承されたのだ。

小三郎と覚馬の建白書を比べて、本質的なところで大きな相違点が一つある。下院議員の被選挙権の範囲である。小三郎は「門閥貴賤を問わず」全人民に被選挙権を付与すべきと説いているのに対し、覚馬は下院議員の被選挙権を「文明政事開ニ従テ四民ヨリ出ベシ　然レドモ方今人材非士ハナシ　故ニ王臣又ハ藩士ヨリ出ベシ（文明開化が進めばすべての国民から議員を選出すべきであるが、現在は庶民に人材が育っていないため、当面、議員は公家か藩士に限定すべき）」としている。

おそらく、会津洋学校において覚馬と小三郎は、新国家の政体について論じあい、互いに深く共鳴しつつも、議員の選挙権・被選挙権に関して、「藩士」に限るのか「全人民」かという相違点が残ったのではないだろうか。

これは会津の日新館で徹底した武士道教育を受け、家中でもエリートコースを順調に歩んできた覚馬と、「家柄」の壁に阻まれ己の夢を叶えることができないまま長らく埋もれてきた小三郎の人生経験の差異が現われたのかも知れない。小三郎にあっては、庶民の中からこそ、努力を惜しまない有意な人材が出るという信念が揺らぐことはなかった。

小三郎の最期

赤松小三郎の最期について語らなければならなくなった。話しは慶応三年八月に戻る。

上田からの度々の帰国命令を受けていたが、小三郎は病気を理由に京都に留まり続けていた。鳥取の「慶応丁卯筆記」によれば、小三郎を上田へ帰国させまいとして公儀も小三郎を雇おうとアプローチしていたが、薩摩家老の小松帯刀は、自ら公儀監察（目付）の原市之進に直接掛け合って、小三郎を薩摩に据え置くことを認めて欲しいと交渉していたという。

小三郎としても、「幕薩一和」の実現のために、薩摩とのパイプを最大限に利用しようとしていた。西郷吉之助と談合し、討幕に傾いた西郷の考えをふたたび薩土盟約の線に戻そうと懸命に努力していた。しかし慶応三年八月一四日、西郷は長州との間で出兵計画を策定してしまう。既述のように、八月一七日の小三郎の兄宛ての手紙では、まだ小三郎はあきらめずに西郷と交渉していることを伝えている。

おそらく小三郎は、八月一七日から二〇日のどこかの時点で、西郷の出兵計画の具体的な内容を知り、もはやこれまでと、西郷の説得を断念したのではないかと思われる。八月二〇日にふたたび兄に手紙を書き、そこで帰国の決意を固めたことを報告している。そこには「実に天下興廃の機に候処、右（帰国）の次第残念の至りに御座候」と無念の胸中が綴られている。

同じ手紙の中で、上田からの帰国命令に対し、「会留守居より小生在京の都合談判これ有り、薩摩より公然と掛け合いこれ有り候」とも書いている（上田市立博物館 二〇〇〇）。上田からの帰国命令に対し、会津と薩摩がそれぞれ小三郎を引き留めようとしていたのである。薩摩側で小三郎を引き留めようとしていたのは、前掲の鳥取の記録にあるように小松帯刀であろう。小松は、小三郎が帰国しようとすれば、何が起こるのか知っていたのかもしれない。

九月三日、帰国の準備の最中だった赤松小三郎は、京都の五条東洞院通を下がったところで刺客に襲撃されて殺害された。殺害の後、四条通東洞院角に一枚、三条大橋にも一枚、斬奸状が貼りだされた。そこには「此者儀兼而西洋ヲ旨とし皇国之御趣意緒失ひ却而下ヲ動揺せしめ不届之至不可捨置之多罪ニ付（中略）加天誅ヲ候（この者はかねて西洋を旨とし、皇国の御趣意に背き、天下を動揺せしめたこと不届きの至り、捨ておくべからざる罪にて、天誅を加えた）」と書きつけられていた。攘夷派による天誅事件の如き犯行声明であった。しかし、犯人は攘夷派ではなかったのだ。

この事件は闇に葬られ、下手人はわからずじまいになった。赤松小三郎殺人事件の実行犯が、確実な証拠によって確定されたのは、事件からじつに一一五年後の一九七二年のことであった。もちろん犯人はすでにこの世にいない。犯人は事件から一〇年後に勃発した西南戦争で戦死していた人物たちだった。

一九七二年、慶応三年に中村半次郎（桐野利秋）が記していた『京在日記』の散逸部分が発見され、中村本人が、小三郎の暗殺について日記に克明に綴っていたことが判明したのである。暗殺を実行したのは、小三郎の門人でもあり、西郷の腹心の部下であった中村半次郎と田代五郎左衛門であった。他に、少なくとも小野清右衛門、中島健彦、片岡矢之助という三人の薩摩藩士が見張り役などで協力している。中村半次郎の日記によれば、中村は赤松小三郎が野津七次（道貫）と歩いているところを尾行し、小三郎が野津と別れて一人になったところを田代と二人で前後から襲ったのだ。

もっとも中村半次郎の日記が発見される前にも、実行犯が中村であるという事実はだいたいわかっていた。旧薩摩藩士の有馬藤太が、大正時代に中村半次郎が赤松を斬ったと公言していたからだ（有馬『維新史の片鱗』）。しかし中村らに指令した「黒幕」がいたのか否かについては、いまだに確定しておらず、なお謎が多い。

暗殺直後、中村半次郎らはただちに、藩邸の近くに借りてあった小三郎の居室に入り、小三郎の所持していた手記などの重要書類をことごとく焼却し、機密漏えいを防いだという（千野 一九三五）。藩邸内にあった小三郎の塾にかんする資料も、このときすべて集められて焼却されたものと思われる。薩摩側に小三郎の塾にかんする史料が少ないのはこうした事情による。

このとき島津久光は、脚気を患い、京都から大坂に移っており、薩摩へ帰国しようとしているところだった。薩摩の小三郎関係資料がことごとく焼却されるなか、久光のみは小三郎の「御改正口上書」を破棄することなく、鹿児島に持ち帰って大切に保

1-10　中村半次郎（桐野利秋）
赤松小三郎の門人であったが、命じられて小三郎の身辺を探索し、「幕府の密偵」として暗殺に及んだ。暗殺を悔み、明治になって山縣有朋に対し「あんなに簡単に幕府が倒れるのなら赤松を殺すのではなかった」と述べていたというエピソードが伝わる。

管した。もし久光自らが暗殺を指令していたとしたら、その人物の書いた建白書を残しておこうと思うだろうか。著者は、久光は小三郎暗殺に関与していないものと考えている。政治的立場は違えど、武力討幕に反対という点において、小三郎と久光のあいだに矛盾はなかったのではなかろうか。

久光には無断で実行された可能性があるが、武力討幕に賛成であった「藩主」の茂久（忠義）には報告されていたようだ。『忠義公史料』第四巻には「赤松何某トテ、本信州浪人ニテ、砲術ニ達セシモノニ、此方ヨリ段々門人モ多ク、有名ノモノニ候処、是ハ幕府ヨリ間者之聞ヘ有之、中将公御出立前夜打果候ヨシ」という記事が記載されている。「中将公（久光）御出立前夜打果候ヨシ」という表現から、邪魔な久光がいなくなるのを見計らって、薩摩の武力討幕派が主体的な意志で「打ち果たした」様子が窺われる。もし、中村らの独断による犯行であれば、このような報告が茂久にされることはないだろう。

小三郎の葬儀に際し、島津侯（＝茂久）からは、弔慰金三〇〇両が支払われた（柴崎　一九三九）。茂久には、このような大金を弔慰金として支払わねばならない理由が説明されるのに際して、右の報告がされたのではあるまいか。

著者は、武力討幕に決した西郷・大久保らが、久光には内密にしたまま小三郎の暗殺を計画し、実行したのではないかと考えている。薩土盟約を破棄し、武力討幕路線に転換した大久保や西郷らにとって、薩摩の軍制の内情を知り尽くしている赤松小三郎が上田に帰国し、それが公儀側に伝わる可能性があることは、恐怖以外のなにものでもなかったのであろう。

当時、在京薩摩兵の中には、小三郎の考えを支持し、薩土盟約の路線を支持する勢力が大きかった。武力討幕派による小三郎の暗殺は、家中の反対勢力を黙らせるという意味も込めた、ある種のクーデターだったように思われる。

小三郎の葬儀は金戒光明寺で九月六日に行なわれ、四〇名の薩摩の門人たちが参列し、小三郎の死を弔い、その亡骸を手厚く葬った。弔問に訪れた人々は葬儀から二〜三日の間で一〇〇〇人以上にのぼったという。薩摩の門人たちが資金を出し合って墓石を建て、その墓誌には、「薩摩受業門生謹識」として師匠を称える言葉と死を悼む言葉が書きつけられた。また小三郎は「緑林軍の害（＝盗賊の被害にあったという意味と思われる）」によって命を落としたと記された。

実行犯である中村半次郎らは小三郎の葬儀に参列しなかった。葬儀に参列した四〇名は、暗殺計画には加担せず、心より恩師の死を惜しんで集まった人々だと思われる。後年に海軍大将となる東郷平八郎と上村彦之丞もこの四〇名の中に含まれていた（根拠は後述）。

諸藩士惜しがりおり候

薩摩の武力討幕派は、完全犯罪を遂行したようにも見える。しかし当時の諸記録を読むと、小三郎の暗殺が薩摩の組織的犯行であると、多くの人々が確信していた様子が窺える。東京大学史料編纂所の維新史料綱要のデータベースから、赤松小三郎暗殺に関するいくつかの史料を紹介しよう。

> 朝彦親王（中川宮）日記（慶応三年九月六日）
> 「薩人キリ死有之候（中略）右人体ハ信州上田藩洋学者赤松小三郎ト申者（中略）〇十印余程此頃何ヶ計可有之哉（後略）」

「〇十字」とは島津家の家紋であり、薩摩を指している。朝彦親王は、「薩人による斬殺である」と特定した上で、「薩摩がこの頃よほど何かの計略をめぐらしているようだ」と小三郎暗殺の背後にある策謀を敏感に感じ取っている。

小三郎の塾に家臣を入門させていた肥後や鳥取にも、事件を探索した報告書が残されている。肥後の青池源右衛門は、七～八人の刺客が小三郎を襲って暗殺したと記載した上で、薩州の内情をよく知っていたので天誅を加えられたのではないかと報告している。

鳥取の「慶応丁卯筆記」には以下のように記されている。

（薩人の）不容易密謀も有之哉と被察候より右小三郎と申者改心致し急々罷帰り申度段（中略）三日七時頃五条東洞院にて何者の弐人にて小三郎を切倒し置逃去候由小三郎と申者は諸藩士にても惜しがり居申候。右弐人之者薩人に相違無之と申事に御座候

［現代語訳］

薩摩に容易ならざる密謀があるのではないかと察したため、小三郎という者は改心し、急いで帰ることにした。（中略）三日の七時ごろ、五条東洞院にて、何者か二人が、小三郎を切り倒し、そのまま逃げ去った。小三郎については、諸藩士のあいだでも惜しむ声が多い。（殺害をした）二人は薩摩人に相違なしと言われている。

薩摩の密謀を小三郎が察知したため、帰国を決意したところを二人の刺客に暗殺されたとし、暗殺者は薩人に相違ないと断言している。そして、在京の諸藩士が小三郎の死を惜しがっている、と伝えている。この鳥取の記録から、当時の小三郎が、在京諸藩士たちの期待を担う存在であったことが窺われる。しかし名声がピークだったのは、まさに殺される直前であった。死後、小三郎の記憶は消し去られていったのである。

可児春琳の談話

大正八年（一九一九）になって、小三郎の門人の可児春琳（旧大垣藩士の陸軍少将）は、文部省維新史料編纂課の松尾茂のインタビューに答え、小三郎暗殺当時の様子を語っている。

可児によれば、暗殺の前日、大久保利通が手紙を持って赤松先生に送別の宴を催したいと申し入れた。それで送別会として木屋町で一杯やり、その後、小三郎は薩摩藩士たちに墨染の遊郭に誘われていったとのことであった。決別の宴のとき、中村半次郎が立ち上がり「今迄は師弟であるが、斯くのごとき混乱の時勢、いつ砲煙の内にまみえねばならぬ様になるかも知れぬから、今日限り師弟の縁を断て貰ひたい」と申し出て、各自署名した門弟張を藩邸から取り寄せて焼き捨てたという。松尾は、この可児の談話などから、「木屋町で飲んで墨染に行き、桐野等四人が先に帰って待ち伏せた」と結論している（『上田郷友会月報』一九二八）。

可児の記憶が正しく、宴を開催したいと小三郎を誘い出したのが大久保利通であるとすれば、やはり大久保は黒幕の一人であろう。かねて大久保が、小三郎を怪しんで探索させていたという事実とも整合する。ちなみに、西郷はこの日大坂にいた。当然、宴には参加できない。しかし、中村半次郎が西郷の同意を抜きにして犯行に及んだとは、著者には思えないのである。西郷は、この後、相楽総三らの浪士たちを操って江戸市中で無差別テロを繰り返して公儀を挑発、開戦の口実をつくり、用済みになった相楽の赤報隊は口封じのために処刑していく。彼はすでに人の道を踏み外し、修羅の道を歩んでいたのである。

可児春琳はこの後、いったん大垣に逃げ帰り、鳥羽伏見の戦いに際しては、大坂城の守備隊として参戦するが、徳川慶喜が大坂城を放棄して逃走したため、戦わずして無念の敗退を遂げた。

可児は明治になって陸軍軍人となり、日清戦争などで活躍し、大佐となった。さらに日露戦争においても、大佐として、後備歩兵連隊を率いて出征し、最前線で活躍した。沙河会戦では蓮花山の夜襲攻撃でこれを占領。奉天会戦では、第一軍に属し、紅土嶺に籠るロシア軍を正確な砲撃によって攻略することに成功している。小三郎の門人の面目躍如たるものがある。

戦功により、可児は二度にわたって感状を受け、日露戦争中に少将に昇進した。可児の属する第一軍の司令官は黒木為楨大将であった。黒木も、確かな記録は確認できないが、小三郎の門人だったはずである。黒木は、出世コースから外れて冷や飯を食わされてきた同門の大佐の活躍に感じるところがあり、報いてあげようとしたのかも知れない。

品川弥二郎の関与

話を慶応三年九月に戻したい。当時、長州からは山縣有朋、品川弥二郎、世良修蔵らが相次いで入洛、薩摩邸に潜伏し、西郷らに対して武力討幕に踏み切るように周旋していた。その品川弥二郎の赤松小三郎暗殺前後の日記には次のようにある。

九月一日：（前略）今出川ノ渡氏旅宿ニ（中略）大藩十余人来ル　内田ヨリ關三郎ノ探索書来ル
同二日：内田ヲ訪ヒ關三ノ事ヲ頼ム　伊地知帰京（後略）
同五日：黒氏ヲ訪フ　西氏帰京　赤松一昨日斬首セラレシヨシ　黒氏ヨリ金百金丈ヲ借用ス

小三郎が暗殺された明後日の慶応三年九月五日、「黒氏ヲ訪フ　西氏帰京　赤松一昨日斬首セラレシヨシ」と不気味なことを書きつけている。品川は、当時、今出川の薩摩邸に常駐していた。当然、赤松小三郎の塾の講義や訓練の様子も見聞きしていたはずである。それは山縣有朋らも同様であった。

品川の日記に出てくる「黒氏」というのは、薩摩の黒田清綱のことと思われる。「黒氏」とのみ書かれているので、目下、正確には特定できない。おそらく長州は、赤松小三郎を薩長同盟にとって共通の脅威として取り除くよう西郷・大久保に要請していたのであろう。それゆえ品川は暗殺が履行されたかどうか、黒田から確認して日記に書きつけたのであろう。

小三郎の暗殺の二日前の九月一日の品川日記によれば、品川は今出川の「渡氏旅宿」で薩摩藩士「十余人」と会談している。そこに「内田ヨリ關三郎ノ探索書来ル」と書かれている。そして翌二日の日記には「内田ヲ訪ヒ關三ノ事ヲ頼ム」と書かれているのだ。「内田」とは内田仲之助（政風）のことであろう。

先に紹介したように、内田仲之助、村田新八、田中清之進の三名は、大久保一蔵（利通）と吉井幸輔（友実）から、赤松小三郎の身辺を探索するように命じられていた。その内田から品川に「探索書」が届けられたということは、「關三郎」とは、小三郎のことを指す隠語ではないだろうか。九月一日の段階で、品川も参加して「渡氏旅宿」で薩摩首脳と小三郎暗殺計画について密談しているのではなかろうか。翌日の「内田ヲ訪ヒ關三ノ事ヲ頼ム」という品川の記述も、小三郎の暗殺にかんして何か依頼しているように思えてならない。何を依頼したのであろうか？

推測であるが、品川が依頼したのは、単に殺害するだけでなく、「斬首」することだったのではあるまいか。というのは、小三郎は斬首されていないにもかかわらず、品川の日記には「赤松一昨日斬首」と書きつけられているからである。品川は、よほど「斬首」に

1-11　品川弥二郎
吉田松陰の門人であり、幾多のテロを実行した。慶応三年には薩摩邸に潜伏し、西郷らに武力決起を促していた。赤松小三郎暗殺にも関与していた模様。京都大学付属図書館所蔵

こだわっていたようなのだ。そのため「黒氏」は、品川に対し、「斬首された」と事実に反することを伝えてしまったのではあるまいか。中村半次郎らが書いた小三郎の「斬奸状」には、「即其首緒とりさら須べき処候得共昼中ニ付其儀ヲ不能（本来即斬首されるべきであるが、白昼につき不可能であった）」と言い訳めいたことが書きつけられている。これは長州から「斬首」を要求されていたにもかかわらず、果たせなかったことの言い訳として書いているように思えてならない。おそらく中村らは、昨日までの恩師を斬首することなどできなかったのであろう。

品川弥二郎日記を読むと、他にも捨て置けない記述が多い。例えば、小三郎が暗殺される半月前、徳川慶喜側近で公儀目付の原市之進が暗殺されている。原市之進が暗殺された八月一四日の品川日記には次のように記されている。「二氏小松之処へ集会　今朝西郷ヲ訪フ　夜内田ニテ原市天刀ヲ加ラレシ事ヲ聞ク」と。「原市」とはもちろん原市之進のことである。

八月一四日といえば、薩摩と長州で武力討幕のための挙兵計画が立案された当日である。品川が西郷のところを訪れたのは、挙兵計画の打ち合わせのためであろう。その日、原市之進に「天刀」が加えられたと、内田仲之助が品川弥二郎に告げている。「天刀」という表現が用いられているからには、薩摩も暗殺に絡んでいるのであろう。原の暗殺は、「幕臣」の鈴木豊次郎と依田雄太郎による犯行というのが定説であるが、再検討が必要であろう。

小三郎は、八月一七日付の兄宛ての手紙で、「原一之進一四日朝害せらる、一人才を失ひ候」と綴り、才能のある原が暗殺されたことを悲しがっている。既述のように原市之進は、小三郎と親交があった。五月に小三郎が「御改正口上書」を公儀に提出した折、原市之進はそれに理解を示していた一人だったと思われる。原も大政奉還を実施し、薩長との内戦を回避するというシナリオを描いていた。小三郎とは、その方向性において志を同じくしていたはずである。

御所を襲撃し、天皇を拉致し、「幕府」と会津の屯所を襲撃するという壮大なテロ計画を固めた薩長にとって、原市之進も赤松小三郎も、事前に取り除かねばならない障害だった。二つの暗殺事件は連動しているのであろう。

文部省維新史料編纂課の松尾茂は後年のエピソードとして、「山縣（有朋）公も桐野から、こんなに早く幕府が倒れるなら、（赤松を）殺さなくてもよかった、惜しいことをしたと述懐談を聞かされたと云ふ」と記している（『上田郷友会月報』一九二八）。

山縣有朋と桐野が、いつどこでこの会話をしたのか詳細は不明である。おそらく、桐野が陸軍少将、山縣が陸軍大輔だった明治四〜五年頃のことであろう。山縣は、薩摩屋敷に潜伏していたので、小三郎のことも知っていたはずである。山縣が桐野とこのような会話を交わす必然性はある。

桐野は、小三郎を斬ったことで良心の呵責に悩まされ、頻繁に夢でうなされていたという。桐野は、小三郎を暗殺するよう長州からも圧力を受けていたため、長州人に向かって、「やはり殺さなくてよかったのではないか」と愚痴を言ったのではあるまいか。事情を知っている山縣に当時の状況判断に対する非難の気持ちも込めて、苦しい胸中を吐露したのではないだろうか。

死せる赤松、生ける西郷を走らす

赤松小三郎が暗殺された九月三日、西郷隆盛は大坂にいて土佐の後藤象二郎と会談している。後藤は、国元でパークスやサトウとの交渉の末、ようやくの思いでイカルス号事件を片付けて大坂に戻ってきたところだった。三日の会談の時点で、西郷はまだ、小三郎の暗殺がなされたかどうかは知らなかったはずである。この日、西郷は後藤に対して薩土盟約の破棄を告げていない。しかるに、小三郎暗殺から四日後の九月七日、西郷と小松は京都でふたたび後藤と会談し、藩内の事情が変わったとして、後藤に対し一方的に薩土盟約の破棄を通告するのだ（家近 一九九五：二〇四頁）。

小三郎の暗殺は、島津家中の薩土盟約支持派を黙らせ、「藩論」を武力討幕で統一するための示威行動としての意味もあったのであろう。当時の薩摩は二つに割れていた。当時、国元では島津図書、桂右衛門、伊地知貞馨、高橋五六らが協力し、西郷と大久保の暴発を抑えようと、両名の暗殺を企てる動きもあった（安藤 二〇一四：九四頁）。

小三郎暗殺後の九月下旬の段階で、土佐が薩摩の内情を探索した報告によれば、薩摩の京都邸内でも「薩摩の二大隊計（ばかり）は既に西郷に背き、若し西郷事を発せば却って吾内を討たんとするの勢」であったという（「寺村左膳手記」四八六頁）。すなわち、在京の薩摩兵二大隊は、西郷の挙兵計画に反対であり、もし挙兵計画を実行に移せば、逆に西郷を討とうとしていたというのである。この二大隊は、言うまでもなく赤松小三郎の教え子たちであった。

彼らの不服従の結果もあって、在京薩摩兵を使って御所を襲い、会津邸と幕兵屯所を急襲・焼き討ちするという西郷・大久保らの挙兵計画は頓挫した。京都はふたたび焼け野原にならずに済んだのである。小三郎の遺志が、ささやかではあるが報われたエピソードであろう。

小三郎を支持する勢力は薩摩内に多かったと思われる。有馬藤太は、「野津（七次）などは（赤松の）仇討を企てたものだが、トートー分からずに仕舞に成った」と語っている（有馬『維新史の片鱗』）。野津の伝記においても、「元帥はこの時（注：小三郎が暗殺された時）、上京して居られたので、その下手人（赤松暗殺犯）の探偵方を命ぜられたという説が伝わって居ります」と注記されている（『道貫公事蹟』）。野津道貫は、慶応元年より小三郎の教えを受けていた一番弟子といっても過言でない人物であった。小三郎を薩摩に招いたのも野津であったから、責任は誰よりも感じていたのであろう。

篠原国幹も、小三郎を尊敬し、暗殺に反対していたと伝わる。しかしいざ事件が起きると、「薩摩藩の不名誉不徳これより大なるはない。先生の横死は惜みても余りあれども既に詮方ない。いづれにせよ藩の面目には換へ難い。暗殺のことは絶対に秘密とせねばならぬ。今後この事について聊かも口外したるものは、立所に斬罪に処する」と、箝口令を敷いたという（千野 一九三五）。篠原は、小三郎の死を悼みつつも、西郷を擁護し、家中の動揺を抑える側に回ったのであった。

薩摩家中は分裂していた。この分裂は、それから一〇年の後の西南戦争にまで尾を引いていると思われる。西南戦争が勃発すると、野津鎮雄・道貫兄弟は、西郷・桐野・篠原・村田らと戦うのに躊躇することはなかったのである。同戦争の勝敗を分けるもっとも凄惨な戦いとなった田原坂の戦いにおいて、政府軍を率いたのは野津鎮雄・道貫兄弟であった。対する西郷軍を率いたのは篠原国幹。篠原はここで戦死する。その時、篠原は赤松小三郎が書いた掛け軸を背負って戦っていたとも伝わっている（上田市立博物館 一九九四）。

田原坂の戦いは、小三郎の門人同士が敵味方に分かれて指揮をとった、死力を尽くした戦いであった。そして野津兄弟が勝った。それは訓練された庶民の軍隊は武士の軍隊に勝るという、おそらく桐野利秋がもっとも反発を感じたであろう小三郎の教えが、実証された瞬間でもあった。また野津道貫にとっては、一〇年越しの仇討を果たしたといえるのかも知れない。

東郷平八郎が小三郎の記憶を呼び覚ました

西南戦争から二八年の後、日露戦争から凱旋した薩摩出身の将軍たちが、郷里にて一同に会し恩師・赤松小三郎について語る機会があったという。その様子は次の如きものであったと伝わる。

日露戦争後、野津（道貫）、東郷（平八郎）、川村（景明）、黒木（為楨）、井上（良馨）、伊東（祐亨）、伊集院（五郎）の諸星、郷里鹿児島へ帰って一堂に会した機会があった。一同、談たまたま舊師、赤松小三郎のことに及んだ。

1-12　東郷平八郎（右）と上村彦之丞（左）

小三郎から英国兵学を学び訓練も受けた門人であった。小三郎が暗殺されると墓石を建てるために拠金し、葬儀を営んだ。連合艦隊司令長官（東郷）、第二艦隊司令長官（上村）として日本海海戦を勝利に導き、戦後、上田を訪問して小三郎の教えを受けていたことを告白した。

「赤松先生暗殺の当時は、篠原国幹の箝口令に遭ったが、今の世となっては何の憚る所もない。幕末明治にかけて、断然雄視し得たるもの、薩人が国家の要路に在って、又今日我々が露国を撃攘して、故山に錦繍を飾り得たのも、思へば赤松先生の薫陶の賜物とも言ふべきである。」と一同追慕の情を披瀝しつつその徳を偲んだのであった。

（千野　一九三五年五月号：六五頁）

日露戦争を勝利に導いた連合艦隊司令官（東郷）、第一軍司令官（黒木）、第四軍司令官（野津）、鴨緑江軍司令官（川村）などがそろって、「薩摩が今日あるのも、日露戦争に勝てたのも赤松先生の教えのおかげ」と述べたというのである。この記事の著者の千野氏が、この話を誰から、どのような経由で聞いたのか、出所が明らかにされていないのは残念で仕方がない。そのため、この話にどこまで信ぴょう性があるのかは不明である。しかしながら、実際にこういうことがあったのではないかと思われる傍証はある。

東郷平八郎、伊東祐亨、上村彦之丞の三将軍は、日露戦争に勝利した翌年の一九〇六年五月、信州の善光寺で行なわれた戦没者慰霊祭に出席。行く途中の五月一〇日に上田を訪問し、赤松家の消息を尋ね、小三郎の遺族に対し弔問金を支払っている。赤松小三郎の名は郷里の上田でも忘れ去られていたが、東郷らの訪問によって、暗殺から四〇年にして、その記憶が呼び起こされることになった。東郷らが上田でこのような行動をとった背景として、事前に鹿児島で前述のようなエピソードがあったとするならば、符合するのである。

東郷と上村は、上田に滞在中に赤松の思い出話をしたところたまたま恩師が上田出身であることを知り、その翌日に遺族を呼んで対面し、弔問金を支払ったと当時の新聞では報道された。しかし著者には、それは彼らの芝居であり、初めから上田出身であることを知っていて、計画的に上田を訪問したように思われる。

その際、上村彦之丞は、「東郷君も我輩も共に（赤松先生の）其教を受けしなり、然るに氏は不幸にして或日伏見よりの帰路五條通りにて暗殺の奇禍に遭ひしかば、当事の弟子は銘々醵金（拠金）して葬儀を営み、墓碑を京都黒谷に建てし」と語っている（『上田郷友会月報』一九〇六年五月号）。「拠金して、葬儀を営み、墓碑を建てし」と主体的に述懐していることから、赤松小三郎の葬儀に参列した薩摩の四〇人の門人は、いわば葬儀の実行委員であり、その中に上村彦之丞と東郷平八郎も含まれていたことが窺える。

東郷平八郎は、のちに赤松小三郎に従五位が追贈されると、その顕彰碑の碑文の揮毫も行なった。上田城の二の丸に建つ石碑がそれである。東郷が小三郎に繰り返し弔意を示したことは、師の恩を深く胸に刻み込んでいたからであることは疑う余地がない。上田において細々ながらも赤松小三郎研究が継続されてきたのは、ひとえに東郷と上村が、赤松小三郎の記憶を呼び覚ましてくれたからである。

しかし、その東郷にしても、暗殺事件については口が重かった。一九三三年には長野県の教育家・岩崎長思が、赤松暗殺事件究明のための取材を晩年の東郷に申し入れたが、東郷は取材を断った。東郷の副官の林少佐から次の書簡が岩崎に届けられた。

赤松先生は京都に於て教を受けた師にして、語学に優れた方であった。追憶談は止めにして欲しい。夫れは忖度するに、御記憶違い等から、他に累を及ぼすこと等ありては困るとの御考なり。（柴崎 一九三九：一四五頁）

東郷にしても、野津にしても、同郷人同士の集まりの際には小三郎の薫陶を偲んでいたとしても、対外的には薩摩の「不名誉不徳」について語ることは憚られたのだろう。薩摩にとって不名誉であっても、日本の未来のため、もう少し何かを語り残すべきではなかったのではなかろうか。

第２章

赤松小三郎の憲法構想

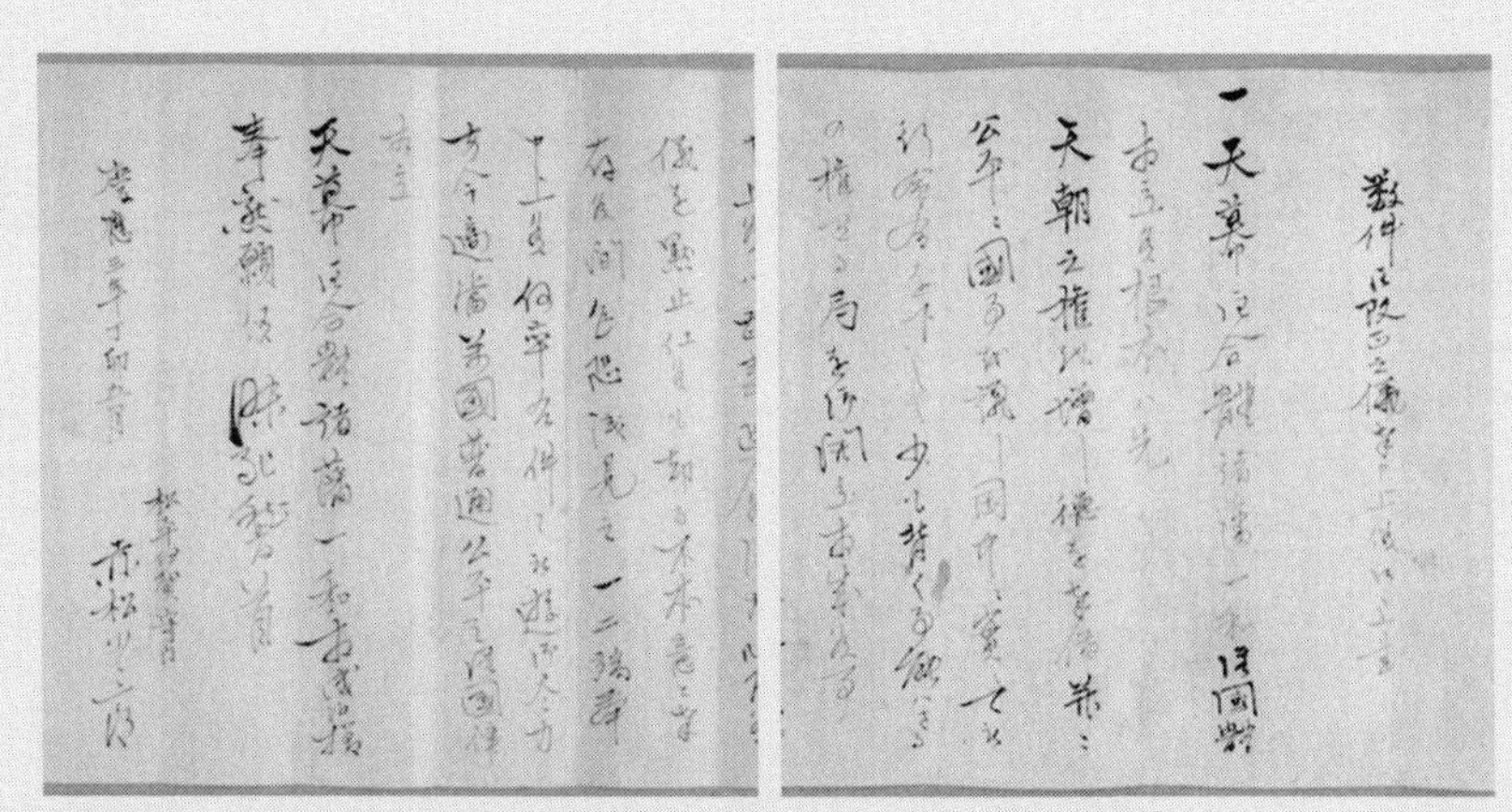

2-1　赤松小三郎の「数件御改正之儀奉申上候口上書」（冒頭と末尾部分）

慶応三年五月に島津久光に提出した日本初の議会政治を求める建白書。松平春嶽宛のものは写本しかなく、直筆原本の存在は知られていなかった。近年、島津久光が持ち帰り黎明館が所蔵しているものは小三郎の直筆原本であることが判明した。鹿児島県歴史資料センター黎明館蔵　玉里島津家資料

立憲主義の源流

江戸時代末期に提起された主な議会政治の導入を求める政体改革構想を確認してみよう。江村栄一編『憲法構想』は、江戸末期から大日本帝国憲法の発布に至るまでの過程で、日本において提案されてきたさまざまな憲法構想を時代別に編集した本である。大政奉還の前の、いわゆる「幕末」と呼ばれる歴史段階に出された憲法構想として、以下の五点の文書が収録されている。江村氏の『憲法構想』が素晴らしいのは、戦後に書かれた通常の憲政史関係の文献では無視されている赤松小三郎の建白書もリストアップされている点である。

(1) 加藤弘之「最新論」 文久元年(一八六一年)
(2) 大久保忠寛の公議会論 慶応二年(一八六六年)
(3) 赤松小三郎「御改正之一二端奉申上候口上書」 慶応三年五月(一八六七年)
(4) 坂本龍馬「船中八策」 慶応三年六月(?)(一八六七年)
(5) 津田真道「日本国総制度」 慶応三年九月(一八六七年)

江村氏が、日本の立憲制論の最初のものとして取り上げているのが、後に初代東大総長となる加藤弘之の「最新論」である。「最新論」は、文久元年(一八六一)に執筆された加藤の『鄰草』という著作の初稿原稿である。『鄰草』は、二五歳の加藤が公儀・蕃書調所の教官であった当時の最初の著作であった。しかし当時は公刊されないままであった。よって正式に提案された構想ではない。

加藤は、世界の政治制度を比較し、「君主握権制（＝専制君主政治）」、「上下分権制（＝立憲君主政治）」、「豪族専権（＝貴族共和政治）」、「万民同権（＝民主共和政治）」の四つに分類。世界の趨勢として、立憲君主制か民主共和制かの、いずれの政体かに収斂されていくだろうとの見通しを示した。

加藤は、立憲君主制と民主共和制のどちらが優れているのか、日本でどちらを採用すべきか等については具体的に述べてはいない。しかし、文脈から立憲君主制の導入が示唆されていることが窺われる。加藤はこの中で、憲法を「確乎たる元律」、議会を「公会」という訳語で紹介し、この二つの必要性を強調している。この論考は秘蔵されて世に問われなかった。よって公にされた提案ではないが、開国から間もない一八六一年の段階で、最新の洋学知識を持つ日本の知識人の中には、すでに立憲主義を求める声が沸き起こっていたことが窺える。

（2）の大久保忠寛（一翁）の公議会論も、正式に提起された政策文書ではないが、大久保は、政治総裁職の松平春嶽を含め、要職にある人々に対してこの提案をしていた。大久保一翁は旗本であり、蕃書調所の頭取も務めた経験があって、西洋の政治事情に通じていた。大久保の案は、「大公議会（国会）」と「小公議会（地方議会）」をそれぞれ設置するというものである。大公議会の議員は諸侯（大名）しかなれないが、諸侯は自らの家臣を代議士として議場に送ることもできるとされていた。大久保の公議会論は、諸侯に議席を分配するものであるから、「諸侯議会」と呼ぶべきシステムであった。

存在が確認されている中で、普通選挙によって選出された議会に立法権が帰属するという、いわゆる「議会制民主主義」の政体構想を日本で最初に建白した歴史的文書となると、（3）の赤松小三郎の建白書ということになる。

この文書は、その存在が明らかであるにもかかわらず、長いあいだ明治維新研究者のあいだでスルーされてきた。本章ではこの赤松建白書の持つ歴史上の意義を検討していく。

なお（4）は、あまりにも有名な坂本龍馬の慶応三年六月の「船中八策」である。これは文書の原本も写本も存在せず、内容的にも不審な点が多く、確かな歴史文書ではない。近年では、歴史学者の青山忠正氏や知野文哉氏らによって、その文書の存在そのものが否定されてきている。この問題は後述する。

津田真道（開成所教授）の（5）「日本国総制度」は、徳川政権の側から出された憲法構想である。日本を、徳川家の支配する「関東領」、禁裏の支配する山城国、それ以外の大名領に分割するもので、従来の封建的分権体制を、分権を活かしつつ、近代的連邦制国家に移行させようという内容であった。連邦国家を率いる連邦政府と、新たに連邦議会の設立が訴えられている。行政府は従来の徳川政権を継承する形で整備される。立法府の上院議員は万石以上の大名しかなれないが、議会の下院に関しては、「国民」一〇万人につき一人の議員を「推挙」するとされている。津田は「国民」という言葉をここで用いている。また「推挙」という表現は、現代でいうところの「選挙」を指している。下院は全国民に参政権を与えることが想定されていたのだ。もっとも、立法の大権は行政府と上下両院の連邦議会が「分掌する」とされている。行政が立法過程に介入することになるので、権力の分立の観点からは問題がある。しかしながら、少なくとも明治維新が実現した専制体制に比べれば、はるかに民主的で近代的な構想であることが分かるであろう。この案を「幕臣」の側が出していた。

この他にも慶応年間には、江村氏の『憲法構想』では紹介されていないが、薩土盟約の「約定書」、西周（開成所教授で徳川慶喜側近）の「議題草案」、松平乗謨（信州龍岡城主で陸軍総裁・老中格）の「病夫譫語」、山本覚馬（会津松平家臣）の「管見」など、注目すべき初期の憲法構想が相次いで提出されていた。このように、近代的立憲主義を求める動きが急速に活発化していたことが分かる。

そのきっかけとして慶応二年に福沢諭吉が『西洋事情』を著して、米国や英国の政治制度を紹介し、一五万部といわれる大ベストセラーになっていたことが大きかった。諸侯から庶民に至るまで多くの日本人が、慶応年間には議会や憲法の必要性を認識するようになり、活発な議論を展開していたのである。後年、自由民権運動の中で、民衆の手による下からの私擬憲法案作成の動きが活発化したが、その源流は、慶応年間にあった。

天幕御合体諸藩一和

赤松小三郎の憲法構想の具体的内容を検討しよう。本書では、小三郎が松平春嶽に提出した口上書を越前版、島津久光に提出したものを島津版と呼ぶ。本年（二〇一六）桐野作人氏が新たに発見した、小三郎が徳川政権に提出した建白書は島津版と同じである。これら三種類の建白書の中で、本書では島津版を引用しながらその内容を検討する。

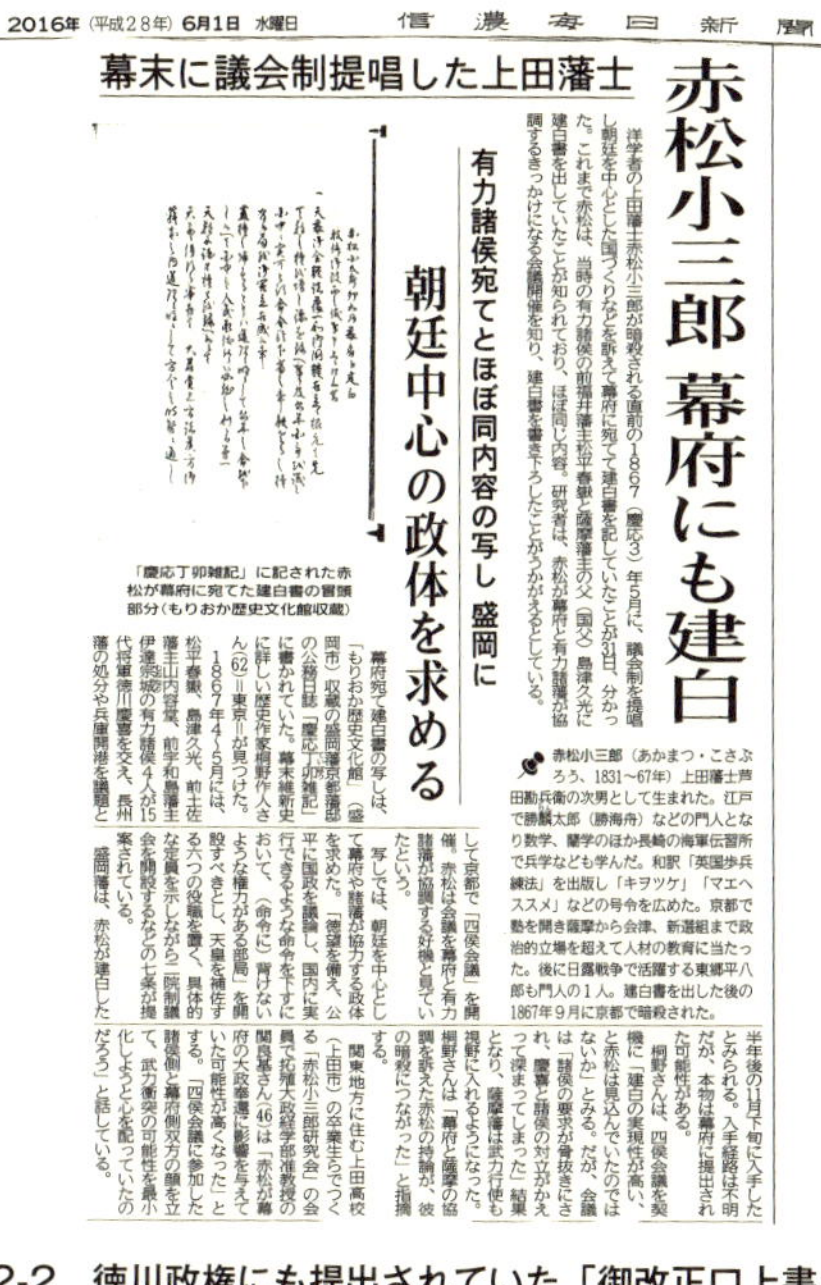

2016年（平成28年）6月1日　水曜日　信濃毎日新聞

幕末に議会制提唱した上田藩士

赤松小三郎　幕府にも建白

有力諸侯宛てとほぼ同内容の写し　盛岡に

朝廷中心の政体を求める

洋学者の上田藩士赤松小三郎が暗殺される直前の1867（慶応3）年5月に、議会制を提唱し朝廷を中心とした国づくりなどを訴えて幕府に宛てて建白書を記していたことが31日、分かった。これまで赤松は、当時の有力諸侯の前福井藩主松平春嶽と薩摩藩主の父（国父）島津久光に建白書を出していたことが知られており、ほぼ同じ内容。研究者は、赤松が幕府と有力諸藩が協調するきっかけになる会議開催を知り、建白書を書き下ろしたことがうかがえるとしている。

「慶応丁卯雑記」に記された赤松が幕府に宛てた建白書の冒頭部分（もりおか歴史文化館収蔵）

幕府宛て建白書の写しは、「もりおか歴史文化館」（盛岡市）収蔵の盛岡藩京都藩邸の公務日誌「慶応丁卯雑記」に書かれていた。幕末維新史に詳しい歴史作家桐野作人さん(62)＝東京＝が見つけた。

1867年4～5月には、松平春嶽、島津久光、前土佐藩主山内容堂、前宇和島藩主伊達宗城の有力諸侯4人が15代将軍徳川慶喜を交え、長州藩の処分や兵庫開港を議題として京都で「四侯会議」を開催。赤松は会議を幕府と有力諸藩が協調する好機と見ていたという。

写しでは、朝廷を中心として幕府や諸藩が協力する政体を求めた。「徳望を備え、公平に国政を議論し、国内に実行できるような命令を下すにおいて、（命令に）背けないような権力がある部局」を開設すべきとし、天皇を補佐する六つの役職を置く、具体的な定員を示しながら二院制議会を開設するなどの七条が提案されている。

盛岡藩は、赤松が建白した半年後の11月下旬に入手したとみられる。入手経路は不明だが、本物は幕府に提出された可能性がある。

桐野さんは、四侯会議を契機に「建白の実現性が高い、と赤松は見込んでいたのではないか」とみる。だが、会議は「諸侯の要求が骨抜きにされ、慶喜と諸侯の対立がかえって深まってしまった」結果となり、薩摩藩は武力行使も視野に入れるようになった。桐野さんは「幕府と薩摩の協調を訴えた赤松の持論が、彼の暗殺につながった」と指摘する。

関東地方に住む上田高校（上田市）の卒業生らでつくる「赤松小三郎研究会」の会員で拓殖大政経学部准教授の関良基さん(46)は「赤松が幕府の大政奉還に影響を与えていた可能性が高くなった」とする。「四侯会議に参加した諸侯側と幕府側双方の顔を立て、武力衝突の可能性を最小化しようと心を配っていたのだろう」と話している。

赤松小三郎（あかまつ・こさぶろう、1831～67年）上田藩士芦田勘兵衛の次男として生まれた。江戸で勝麟太郎（勝海舟）などの門人となり数学、蘭学のほか長崎の海軍伝習所で兵学なども学んだ。和訳「英国歩兵練法」を出版し「キヲツケ」「マエヘススメ」などの号令を広めた。京都で塾を開き薩摩から会津、新選組まで政治的立場を超えて人材の教育に当たった。後に日露戦争で活躍する東郷平八郎も門人の1人。建白書を出した後の1867年9月に京都で暗殺された。

2-2　徳川政権にも提出されていた「御改正口上書」
赤松小三郎が徳川公儀にも建白書を提出していた桐野作人氏の新発見を伝える信濃毎日新聞記事。（2016年6月1日付）

島津版は写本ではなく、小三郎直筆のテキストであり、最も確実であること、さらに越前版と島津版を比較すると、島津版は越前版をベースに加筆・修正した形跡が認められるからである。越前版では不十分だったと小三郎が感じた箇所に加筆したものが島津版だと思われる。よって小三郎は、島津版から引用されることを本意に思うであろう。本書の巻末に収録したのも島津版である。原文に関しては、巻末資料を参照されたい。
赤松小三郎の「御改正口上書」は全部で七箇条ある。まず第一条は、天皇、内閣（首相と大臣）、そして上下両局の「議政局」の役割を論じたものである。憲法の「統治機構論」に相当する部分である。以下、引用する。

数件御改正之儀奉申上候口上書　慶応三年五月

一　天幕御合体、諸藩一和御国体相立候根本ハ、先天朝之権を増し徳を奉備、并ニ公平ニ国事を議し、国中ニ実ニ可被行命令を下して、少も背く事能ハさるの権有る局を御開立相成候事、
蓋権之帰すると申ハ、道理ニ叶候公平之命を下し候へハ、国中之人民承服仕候ハ必然之理ニ候、

［現代語訳］
一　天朝と幕府とが合体し、諸藩が協力する国体を樹立するための根本は、まず天朝の権限を増大せしめ、徳を備えることとです。ならびに公平に国事を議し、国中に実行させることができる命令を下して、なお誰も背くことのできない権力を持つ局（議政局のこと）を新たに設立せねばなりません。
権力が帰するというのは、道理にかない、公平な命令を下すことであり、そうすれば国中の人民が承服するのは必然の理です。

赤松小三郎は、「天幕御合体、諸藩一和」の国体、つまり天皇家と幕府と諸藩の融合を説いている。天皇に対して神聖な絶対的権力を認めるのが日本の国体と考える勤皇派の志士たちの考えと異なり、小三郎

らしいのは、天朝の「権を増」すには、「徳を備え」「道理にかない」「公平の命令を下す」という諸条件を満たさねばならないとしている点である。

そして、誰が見ても道理にかない、「公平に国事を議す」ために、天朝は「誰も背くことのできない権力を持つ局」を新たに設置せねばならない。この「局」を設置して、はじめて天朝の権威は信認される。この「局」とは、後に述べられるように二院制の「議政局（＝議会）」を指している。これをして「国中の人民は承服」するのであって、それなしに無条件に天皇の権威を認めているわけではない。

現行憲法の第一条に、天皇の象徴的地位は「主権の存する日本国民の総意に基く」とある。小三郎においても、天朝の権威は、議政局を設置して道理にかなった公平な政治を行ない、人民が承認することに基づく。明治憲法の「大日本帝国ハ万世一系ノ天皇之ヲ統治ス」「天皇ハ神聖ニシテ侵スヘカラス」という規定と比べると、その差が歴然としていることが分かるであろう。

なお議政局について、越前版では「少も背く事能はさるの局」と記述しているのに対し、島津版では「少も背く事能ハさるの権有る局」と言い換えている。小三郎としては、議政局が日本の最高権力機関であるということを強調するために「権有る」と加筆したのであろう。

ついで、小三郎は天皇を補佐するところの内閣と閣僚について論じる。

第一
天朝ニ徳と権とを備へ候ニハ
天子ニ侍する宰相ハ　　大君・堂上方・諸侯方・御旗本之内、道理ニ明ニして方今之事務ニ通し、万国之事情を知り候人を撰て六人を侍せしめ、一人ハ大閣老ニ而国政を司り、一人ハ銭貨出納を司り、一人ハ外国交際を司り、一人ハ海陸軍事を司り、一人ハ刑法を司り、一人ハ租税を司る宰相とし、其以下之諸官吏も皆門閥を論せす人撰して

天子を補佐し奉り、是を国中之政事を司り且命令を出す朝廷と定め、

［現代語訳］

第一に、天朝に徳と権力を備えるには、天皇を補佐する大臣として、大君、公卿、諸侯、旗本の中から、道理が明らかであり、実務能力があり、さまざまな情勢に通じた人材を六人選びます。一人は大閣老（内閣総理大臣）で国政全般、一人は財政、一人は外交、一人は海軍と陸軍の軍事、一人は治安・法務、一人は徴税をそれぞれ司ります。大臣以外の官僚たちも、すべて門閥を論ぜずに人選し、天皇を補佐し、国内の行政全般を司り、命令を出す、これを朝廷と定めます。

小三郎は、天皇と大臣と各省の官僚で構成される行政府全体を指して「朝廷」と定義している。朝廷には国政を担当する大閣老（内閣総理大臣）以下、六人の大臣を置く必要性を論じる。その他五名の大臣は、現代風の呼び方に置き換えれば、財務大臣、外務大臣、防衛大臣、法務大臣、国税局長官などとなろう。これら六人の大臣は、大君、公卿、諸侯、旗本の中から「道理明らかなる」人物を選出するとしている。また各大臣の下で働く各省の官僚（「其以外諸官吏」）は、「皆門閥を論ぜず人選」とある。後で述べられるように、各省大臣及び高官を選出するのは議政局である。

現実的妥協として、新政権を円滑に運営するため、大臣クラスは貴族から選出されるが、各省の高級官僚は一般の人民から選出し、貴族政治の悪弊に陥ることなく、公正で迅速な行政が遂行可能であると考えていたのだろう。

普通選挙による議政局議員の選出

ついで行政府と並立する立法府としての「議政局」について述べられる。小三郎は、全国民を対象とした普通選挙で選出された議政局こそ国権の最高機関と位置付けている。

亦別ニ議政局を立て、上下二局ニ分ち、其下局ハ国之大小ニ応して諸国より数人ツヽ道理ニ明なる人を自国及隣国之入札ニ而撰抽し、凡百三十人を命し、常ニ其三分之一ハ都府ニ在らしめ、年限を定めて勤めしむへし、其上局ハ堂上方・諸侯・御旗本之内ニ而入札を以て人撰し、凡三十人を命せられ、交代在都して勤むへし、

［現代語訳］
また別に議政局を設置し、これを上局と下局に分け、下局は各国（県）の大小に応じて、国ごとの選挙によって数人ずつ、合計で一三〇人の議員を選出し、その議員の三分一は首都に常駐させ、年限を定めて交代で勤務させます。上局は、公卿、諸侯、旗本の中から、選挙によって三〇人を選出し、首都に交代で勤務させます。

議政局は、上局と下局に分けられる。上局は貴族院、下局は衆議院に相当する。小三郎が、定数一三〇人の下局から先に書きはじめ、定数三〇人の上局を後で論じていることは、衆議院である下局に優越性を持たせようとする姿勢の表われであろう。

定数一三〇人の下局は、「道理の明らかなる人」であれば誰でも被選挙権を持ち、「入札にて選抽」、すなわち普通選挙で選ばれる。選挙区は、「諸国及び隣国」となっている。これは基本的に各国を選挙区とするが、人口に応じて選挙区割をするため、議員定数を国の大小によって変えねばならないということである。

定数三〇人の上局は、朝廷と幕府と諸藩の融和の象徴として、公卿、諸侯、旗本の中から選出される。被選挙権は公卿、諸侯、旗本に限定されているが、門閥さえあれば誰でもなれるわけではなく、選挙の洗礼を受ける必要があるのだ。

国権の最高機関としての議政局

次に議政局こそが国権の最高機関であり、議政局の権限は、天皇の権限より強いことが述べられる。

此両局ニて総而国事を議し、決議之上
天朝へ建白し、御許容之上、
天朝より国中ニ命し、若し御許容無きヶ条ハ、議政局ニ而再議し、弥公平之説ニ帰すれハ、此令ハ是非共下さゝることを得さる事を
天朝へ建白して、直ニ議政局より国中ニ布告すへし、其両局人撰之法ハ、門閥貴賤ニ拘らす、道理を明弁し、私無く且人望之帰する人を公平ニ撰むへし、其局之主務ハ旧例之失を改め、万国普通之法律を立、并ニ諸官之人撰を司り、万国交際、財貨出入、富国強兵、人才教育、人気一和之法律を立候を司り候儀、御開成相成候儀、御国是之基本かと奉存候、

［現代語訳］
両議政局で全ての国事を議論し、決議の上で、天朝（天皇と大閣老以下六人の大臣で構成される内閣を指す）に建白し許可を得た上で、天朝から国中に布告します。もし天朝が反対した場合、その法令を議政局に持ち帰って再度議論し、いよいよもって公正な内容にすることができたのであれば、その

法令は是非とも施行しなければならないことを天朝に報告し、ただちに議政局から国中に布告せねばなりません。

その両局の（議員の）人選の方法としては、門閥や貴賤にかかわらず、道理を明らかに論じ、私欲がなく、人望のある人物を公平に選ばねばなりません。両議政局の主要な任務は、旧来の制度の悪い部分を改め、国際的に普遍的な法律を制定し、各省の高官を任命し、外交、予算の策定、富国強兵、人材の教育、みんなに喜ばれる法律を制定することであり、これこそ国の発展を可能にする国是の基本と考えます。

「国事は総て議政局で審議され、決議される」。もはや時の権力者の思い付きで政策が翻弄されることはないという宣言である。現在の日本国憲法でいえば第四一条「国会は、国権の最高機関であって、国の唯一の立法機関である」に相当する内容である。

小三郎は、越前版では「国事は総て此両局にて決議之上」と書いていたが、島津版では「此両局ニて総而国事を議し、決議之上」と若干加筆している。行政府がつくってきた法案を採決するだけの機関にならないよう、議政局でしっかりと審議せよという意味を込めた加筆であろう。

議政局の決議事項の中で、もし天朝（＝この文脈では天皇以下の内閣全体を指している）が反対の場合はどうすればよいのか。その場合、議政局は持ち帰って再議し、いよいよ実行すべき確固たる根拠をもって再決議すれば、天朝の賛否を問わず、直ちに議政局より「国中ニ布告すへし」とする。

行政府は、立法府の決定に対して意見を言うことはできるが、その最終決定を覆す権限を持たない。天朝の修正意見に対し、それを受け入れるか否かは議政局の判断にゆだねられる。議政局こそが国権の最高機関であるということを明確に述べたものである。

現行憲法では、行政府の長である首相に議会の解散権が付与されている。小三郎の構想では天皇にも大閣老にも議政局の解散権も認めておらず、議会の最終決定には従わねばならないとされる。すなわち、小三郎は、現行憲法以上に立法府の権限の強い制度を志向していたことになる。

小三郎は、議員の選出方法に関して、「門閥や貴賤にかかわらず、道理を明らかに論じ、私欲がなく、人望のある人物を公平に選ばねばなりません」と述べる。現行憲法の第四四条は、国会議員の資格に関して、「人種、信条、性別、社会的身分、門地、教育、財産又は収入によって差別してはならない」とする。これと同様の規定であることが分かるであろう。

ここで、小三郎が女性参政権についてどう考えていたかが問題となろう。明記されていないが、小三郎は女性の参政権も当然の前提と考えていたと思われる。その根拠は追って述べたい。

教育・人民平等・通貨政策・必要最小限の軍備

赤松小三郎の「御改正口上書」は全部で七箇条ある。以上に紹介したのは第一条で、立法府と行政府の関係を定めたものである。他の六条では、教育、人権、経済、軍事、民生にたいする提案がされている。その概略を紹介しておくことにしよう。

第二条　国是としての人材教育

第二条は「人才御教育之儀、御国是相立候基本ニ御座候事」で始まる。人材教育は国是であり、そのために江戸・京都・大坂・長崎・函館・新潟など主要都市に大学を建て、ヨーロッパ人の教員を雇い入れるべきと提言する。「各種学校を順次設立し数を増やし、国中の人民を文明人として教育することは治国の基礎である」とする。

現行憲法の第二六条「一．すべて国民は、法律の定めるところにより、その能力に応じて、ひとしく教育を受ける権利を有する。二 すべて国民は、法律の定めるところにより、その保護する子女に普通教育を受けさせる義務を負ふ。義務教育は、これを無償とする」と比べてみよう。現行憲法は、国民の権利として教育を強調しているのに対し、小三郎は、政府に対して、国中の人民を文明人として教育することが「治国の基礎」と要求している。行政府に対して「義務教育」を命令しているのだ。

第三条　人民平等、個人としての尊重、職業選択の自由、納税の義務

基本的人権を定めた条項である。条文の冒頭のタイトルは「国中之人民平等ニ御撫育相成、人々其性ニ準て充分を尽させ候事」である。「国中之人民平等ニ御撫育」とは簡潔な表現ではあるが、現行の日本国憲法の第一四条「すべて国民は、法の下に平等であって、人種、信条、性別、社会的身分又は門地により、政治的、経済的又は社会的関係において、差別されない」という規定に該当することが分かるであろう。

ついで「人々其性ニ準て充分を尽させ候事」とある。この「性（さが）」とは、もちろん性別のことではなく、人間一人ひとりに生得的に備わっている能力や適性のことを指している。人々の個性・適性に合わせ、それぞれが自分のやりたい仕事を選んで存分に尽くすべきということだ。これは現行憲法の第一三条「すべて国民は、個人として尊重される」および第二二条「何人も、公共の福祉に反しない限り、居住、移転及び職業選択の自由を有する」に相当する内容であることが分かるであろう。人々がその「性」に準じて「充分を尽」くすということは、国民それぞれの個性を尊重し、自分にあった生き方を自由に選択すべきということを意味している。

第三条には納税の義務も規定されている。職業は平等であるのだから、百姓のみに重税を課している現状はおかしい。よって、すべての職種に差別なく課税すべきと論じる。ただし、遊楽の類（賭博など）には税を重くし、遊んで暮らしている人々も有用な職種に就かせていくべきとする。それが「治国の本源」と説くのである。

小三郎は、長崎で正規の伝習生として学びたい、アメリカに渡りたい、開成所の教授として活躍したい……といった個人としての夢をいずれも叶えることができなかった。家柄、「藩」、公権力の壁によって拒まれ続けてきた。それでも夢を信じて行動し続けた。小三郎の座右の銘は「夢叶う」であった。すべての人々が夢を実現できる社会を実現したいという想いが、「人々其性ニ準て充分を尽させ」という一文に込められているのだろう。

現在の与党・自民党が提起している改憲案は、この願いを否定しようとしている。現行憲法の第一三条「すべて国民は、個人として尊重される」を「すべて国民は、人として尊重される」に変えようというのだ。

「個人」を「人」に言い換え、日本国民は、「ヒト」という単一の種としては尊重はされても、日本に一億二〇〇〇万通り以上ある、それぞれの個性や生き方まで尊重するとは限らないと言いたいらしい。

自民党案で改憲されれば、個々人の「性(さが)」による生き方の選択が、国家にとって気に入らないものであれば否定されるようになるだろう。自民党の改憲案は、人間一人ひとりの個性を尊重するという、「幕末」から提起されてきた、人間として当然の願いを、「GHQの押し付け」という虚偽の主張の下に否定しようというのである。

越前の由利公正が起草した「五箇条の御誓文」においても、国民が、「各其志を遂げ、人心をして倦まざらしめん事」が唱えられていた。それぞれの個性が尊重され、「志」が実現される社会が目指されていた。自民党改憲案は、五箇条の御誓文の精神すら踏みにじっている。

第四条　通貨改革とマネーサプライ

当事、日本の金貨と銀貨の相対価値が欧米と違うことによって、日本の金貨が大量に海外に流出していったことが大問題となっていた。小三郎は、金貨と銀貨を欧米の金・銀の相対価値に合わせるように円形に統一した上で改鋳することを提起している。ついで殖産興業によって製造品の供給が増えるにつれ通貨不足が懸念されることから、物品の製造に合わせるように「銭貨を増し」ていけば、物価は「平均に至る」と述べている。

これは経済がデフレ状態にならないために、産業の振興に合わせてマネーサプライを増やし、物価水準を安定化させる必要性を述べたものである。小三郎は経済の本質を理解していた。

第五条　専守防衛の陸海軍

軍備の項目である。冒頭で小三郎は「蓋兵(けだし)ハ数寡(すくな)くして、利器を備へ熟練せるを上とす（兵の数は少なくしつつ、最新の兵器を備えて兵を熟練させるのが上策である）」と述べる。

小三郎は、必要最小限の陸軍兵力として、歩兵二万二〇〇〇人、砲兵四〇〇〇人、騎兵二〇〇〇人の二万八〇〇〇人とする。海軍は、軍艦が国産できない段階ではにわかには建設できないと述べ、先ずは将来性のある者三〇〇〇人を選抜し、西欧から雇い入れた海軍顧問の下で専門技術を学ばせ、さらに「業之成立ニ準て新に艦を造」っていくとする。工業の振興と造船技術の発展によって、はじめて海軍は本格的に建設可能になるという。小三郎の考えは、すべての戦艦を英国などから購入して帝国海軍を整備した明治政府の方針とは根本的に異なっていた。

それにしても陸軍二万八〇〇〇人、海軍三〇〇〇人というのは驚くほど少ない兵力であり、まさに専守防衛のための最小限の軍隊である。小三郎は、平時であればこれで足りると考えていた。

軍人は最初こそ幕臣や諸藩士より優れた者を選抜するとしているが、有能な者を士官学校で育成し、志願兵制度に切り替え、軍人の中から士族出身者の割合を減らしていくべきだと論じる。小三郎は、高禄を食む武士ではなく、庶民の力をこそ信じていた。おそらくこの点が、赤松小三郎と中村半次郎（桐野利秋）のあいだで、もっとも意見の対立が生じた部分であろうと思われる。

しかし当時は帝国主義時代である。外国から攻められ戦時になれば、もちろん陸軍二万八〇〇〇人、海軍三〇〇〇人の兵力ではとうてい足りないだろう。戦争が起こったらどうするのか？　小三郎は、「乱世ニハ国中之男女尽ク兵ニ用立」、防衛に当たるべきと主張する。そのためには「諸民共其土地へ教師を命し遣して平常操練せしめ」る。一般国民は、その居住地において、定期的に軍事的訓練を受けるという意味である。

これは徴兵制ではない。ふだんは日常の仕事を行ないながら、各地域で、すべての男女が、定期的に戦時に備えた軍事訓練を受けよという意味である。これはスイスのような民兵制度の構想である。

この箇所は、「御改正口上書」の中で、もっとも驚くべき提案で、またオリジナリティが高いと言えるかも知れない。小三郎はラディカルな男女平等主義者であった。国民皆兵の民兵制度を持つスイスですら女性に兵役義務はないが、小三郎の構想では軍事訓練も男女平等に課せられる。すなわち女性も民兵となるのだ。

小三郎が、女性参政権を認める立場であっただろうと著者が推定する根拠はここにある。戦時には男女平等に民兵となる義務が課せられているにもかかわらず、参政権は男性のみというのは論理的に辻褄が合わないからだ。

小三郎は第一条、第二条、第三条では「国中之人民」と書き、軍事に関する第五条でのみ「国中之男女」という表現を用いている。女性も民兵とするというのは通常は思い至らない発想であるため、あえてここだけ「人民」ではなく「男女」と書いて強調したのではあるまいか。他の箇所では、「国中之人民」と書けば、それは男女双方を含むことは自明と思っていたのであろう。

これこそ近代民主主義国家における国民皆兵の思想であろう。非民主的な専制国家が、上から無理矢理に国民を徴兵する制度とは全く異なる。全国民が参政権を行使する民主主義国において、民主主義国家を防衛するため、下から国民軍を構築しようとしたのである。

第六条　殖産興業

第六条は殖産興業についてである。ヨーロッパから顧問を迎え入れ、諸国（藩）に工場を造り、戦艦や銃などの兵器を国産化し、各種産業を振興し、品質の良い日用品を安く供給することの必要性が論じられている。

産業振興のため西洋の専門家を雇うのに、一か月に二〇〇～二五〇両の俸給を与えても、彼らが本国に送金するのはわずかであり、そのお金の多くは国内に落ちるので、何らマイナスにはならないと述べられている。

現代的な言葉で補えば、近代的大規模工業を育成し、規模の経済効果を働かせて安価な製品を量産するという供給サイドの提案と共に、西洋人顧問に高給を与えても総需要を高めるので、日本経済全体にはマイナスにはならないという需要サイドの考えも示されている。後世にいうケインズ経済学的な考え方も加味されている。当時の水準としては、驚くほどに経済学の本質に精通していたことが分かるであろう。

第七条　畜産業の振興と肉食の奨励

ヨーロッパ人が、アジア人に比べて体力的・能力的に優れているのは食生活の差異にあるとし、牛・豚・鶏の養殖を振興し、肉を常食するようになれば、日本人の能力も体力も増進する。また馬は、外国から良質な軍馬を導入して飼育すべきであり、これこそ富国強兵のもとであると説く。

万国普通公平の憲法

小三郎の建白書の主な内容は以上の通りである。これらの提言の後に、越前版には「方今適当の御国律」、島津版には「万国普通公平之御国律」を制定することを、「懇願奉る」と記されている。ここで「国律」とは、明らかに憲法を指している。小三郎は constitution（憲法）を「国律」と訳したのだ。「万国普通公平之御国律相立」とは、世界のどこに行っても普遍的に通用する民主的な憲法を制定することを指している。

樋口陽一氏によれば、近代立憲主義とは、次の三つを明確にすることである（樋口 一九七九）。

（1）主権原理として、国民主権の確認と君主の名目化。
（2）統治機構として、下院優越の一元主義的議院内閣制の確立。
（3）人権の領域として、自由権の承認。

「御改正口上書」に、「国民主権」という言葉は用いられていないが、国権の最高機関として議政局を置き、下局の議員は、全人民を被選挙者として、「門閥貴賎にかかわらず、私心がなく人望のある人を公平に選ぶべし」と言う。実質的に国民主権を宣言したに等しい。君主としての天皇は、議政局を設立する役割を負うが、ひとたび議政局が生まれたら、その決定に拒否権を行使することはできない。君主は「君臨すれども統治しない」名目的な存在になる。

統治機構に関して、小三郎は、貴族院としての上局と、衆議院としての下局を提案し、議院内閣制を提起している。「下局が優越する」とまでは述べていないので、その点ではまだ不十分性が残っている。

人権領域に関する条文が弱いことは否めない。早急に構築すべき統治機構の整備に主眼を置いているからであろう。しかしながら、義務教育、法の下の平等、個性の尊重、職業選択の自由、税制の公平化などを掲げた点、基本的人権の確立も唱えていることは明らかであろう。

現行憲法でも実現されていない小三郎の考え

（1）門閥貴賤にこだらない議員の選出

小三郎の理念の中には、現行憲法でもなお実現されていない考えも含まれている。まず、「門閥や貴賤」の有無に関係なく、「道理をわきまえ、私欲のない人間」を「公平に選ぶべき」という、投票の際の一般的な心構えは、現行憲法には記されていない。主権在民であるからといって、主権者が何をしてもよいわけではない。選挙は国の進路を定める厳正なる手続きであり、血税を使って私欲を満たそうなどと考える人物は、議員としては不適格である。

それから一五〇年後の現在、選挙民は、「世襲議員」という「門閥」や、「政治資金の過多」という「貴賤」に惑わされて投票行動を行なっている場合が多々ある。これが日本の政治に暗い影を落としている。小三郎も、草葉の陰で悲しんでいることだろう。

「門閥や貴賤」によって政治権力が影響を受ける可能性を減じる規定が、憲法に盛り込まれるとすれば、「世襲の制限」や「政治献金禁止」の条項が必要になろう。現行憲法には、そうした規定はないのである。

（2）各省高官は議会が任命

小三郎案では、議政局の任務の中に、「諸官の人選を司り」とある。大臣以下各省の高官は、議政局が任命する。現行憲法では、国会が選出するのは首相のみであり、その他の大臣は首相が任命する。小三郎の構想では、首相以下すべての大臣と各省の高官までを議政局が任命する。小三郎の建白書に特徴的なのは、現行憲法以上に、立法府が行政府に対して優位に立つシステムであるという点である。

小三郎の構想では、首相のリーダーシップが発揮されにくいなどの懸念も指摘されよう。しかしそれ以上にメリットも多いように思える。日本の現状を見てみよう。各省の官僚は、国家公務員試験によって選抜され、主権者である国民による審判が入る余地はない。官僚の出世は省内の政治力学で決まっている。官僚が、民意を反映した国会の意向に従って政策を執行しているのであれば、主権在民は損なわれない。しかし実際には官僚たちは、民意を無視して利権目当ての政策を執行している場合が多い。

各省の省内には、例えば外務省であれば「対米従属こそ日本の国益である」とか、国交省ならば「ダムは造らねばならない」とか、経済産業省であれば「原発を推進せねばならない」といった、「鉄のドグマ」が支配し、彼らはそれらを妄信している。それを疑問に思っている官僚はいるが、組織の方針の前では、個々人の考えなど押しつぶされていく。議会の側が、民意を受けて、それらのドグマに修正を加えようとしても、議会のコントロールはほとんど利かない。内閣の方針が各省の省益に反すれば、官僚たちは抵抗し、邪魔な大臣たちなど放逐してしまう。それは二〇〇九年からの民主党政権時代に典型的に表われた通りである。

憲法上、主権は国民にあり、三権分立も定められている。しかし、実際の主権は霞が関にあるかの如くであり、司法も立法も官僚たちの専横を抑制できていない。国民の側が、税金の使われ方がおかしいと住民訴訟を起こしても、裁判所は行政の裁量権を無限に認めるが如くである。日本では、国民が官僚の意思決定に異を唱えることは、とてつもなく困難なのである。

どうしてこうなったのだろう。そのルーツは、明治維新がつくった有司専制システムにある。そのシステムは、一度暴走して一九四五年の破滅に至ったが、懲りずにまた復活し、いよいよ末期的段階に入っているのが現状である。

国民主権と三権分立のタテマエがあっても行政の専横に歯止めがかからないのであれば、行政府の専横が不可能になるような条項を憲法に加えるべきであろう。小三郎の言うように、国会が各省高官の任命権を持つようにするのだ。国会が任命権を持てば、官僚が内閣や国会の方針に逆らって暴走するという悪夢は発生し得ない。選挙の洗礼を経たわけでもなく、公務員試験を通っただけの、勘違いはなはだしい受験エリートたちが行政府を専横し、各省のドグマに従って、国民の意思に反する政策を次々に打ち出すという現状は改まるであろう。

薩土盟約は議会制民主主義を目指した

次のような感想を抱く方もいるであろう。赤松小三郎の建白書が先進的であったとしても、歴史の大海の中のちっぽけな氷山のように孤立した存在であり、何ら社会的な支持も獲得していなかったから、簡単に砕け散ってしまったのではないか。影響力のない建白書だったら忘れ去られても仕方ないだろう、と。それは間違いである。

赤松小三郎の政体構想は実現の一歩手前まで来ていた。小三郎が島津久光と松平春嶽に「御改正口上書」を提出してから約一か月後、薩摩と土佐のあいだで「薩土盟約」が結ばれる。その基本的な内容は、「御改正口上書」の内容と大きな矛盾はないものであった。

薩土盟約に際し、慶応三年六月一七日に土佐の後藤象二郎と薩摩の小松帯刀のあいだで話し合いがなされ、盟約の大筋合意ができていた。ついで六月二二日に薩摩側からは家老の小松帯刀と西郷吉之助（隆盛）と大久保一蔵（利通）の三名が出席し、土佐側からは後藤象二郎、福岡孝弟、寺村左膳、真辺栄三郎の四名が出席して合意された。その席には、坂本龍馬と中岡慎太郎も仲介者として陪席していた。「船中八策」という文書の存在はなかったにせよ、坂本龍馬も、この盟約を後押しした中心的人物の一人であることは間違いがない。しかし、龍馬一人が傑出した存在としてこの内容を考えたわけではなく、後藤と小松のみならず、西郷も含め、出席者全員がこの内容で一旦は合意したのである。当時の日本では、この考えはごく普通に受け入れられつつあった。

薩土盟約の「約定書」の内容は以下のようなものであった。全文は、佐々木克氏が玉里島津家史料より再現しており、巻末資料を参照されたい（佐々木 二〇〇四）。ここでは主要な七箇条の合意事項を抽出する。

一、天下ノ大政ヲ議定スル全権ハ朝廷ニ在リ、我皇国ノ制度法則一切ノ万機、京師ノ議事堂ヨリ出ルヲ要ス

一、議事院ヲ建立スルハ宜ク諸藩ヨリ其入費ヲ貢献スヘシ

一、議事院上下ヲ分チ、議事官ハ上公卿ヨリ、下陪臣庶民ニ至ル迄、正義純粋ノ者ヲ撰挙シ、尚且諸侯モ自ラ其職掌ニ因テ、上院ノ任ニ充ツ

一、将軍職ヲ以テ、天下ノ万機ヲ掌握スルノ理ナシ、自今宜ク其職ヲ辞シテ、諸侯ノ列ニ帰順シ、政権ヲ朝廷ニ帰ス可キハ勿論ナリ

一、各港外国ノ条約ハ、兵庫港ニ於テ新ニ朝廷ノ大臣、諸侯ノ士大夫ト衆合シ、道理明白ニ新約定ヲ立テ、誠実ノ商法ヲ行フヘシ

一、朝廷ノ制度法則ハ、往昔ヨリノ律令アリトイヘトモ、当今ノ時務ニ参シ、或ハ当ラサル者アリ、宜ク其弊風ヲ一新改革シテ、地球上ニ愧（は）サルノ国本ヲ建ン

一、此皇国復興ノ議事ニ関係スル士大夫ハ、私意ヲ去リ公平ニ基キ、術策ヲ設ケス、正実ヲ貴ヒ、既往是非曲直ヲ不問、人心一和ヲ主トシテ此議論ヲ定ムヘシ

この薩土盟約「約定書」は、この後の一〇月三日に、徳川慶喜が政権から降りるきっかけになった土佐藩の「大政奉還建白書」とほぼ同じ内容である。違う点は、土佐の建白書では、薩土盟約の二番目の議事

院設置費用の項目と、四番目の将軍職辞職要求が省かれた点である。その代わりに、土佐の建白書には小三郎の口上書にもあった教育振興と陸海軍の建設の項目が入っている。

薩土盟約「約定書」と小三郎の「御改正口上書」を比較すると、一致している点もあれば相違点もある。民選議員による議会政治を指向しているという点で、根幹的な部分で矛盾はないと言ってよい。

薩土盟約「約定書」の第一条を見よう。「大政を議定する全権」とは行政権を指し、行政権が「朝廷」に帰属し、他方で法制度のすべてを定める立法権は「議事堂」に帰属することを宣言している。「議事堂」と「議政局」と、使う用語こそ違うが、小三郎と同様な主張である。

小三郎は「入札」、薩土盟約第三条では「撰挙」と、これも用語は異なるが、ともに選挙による下院議員の選出を提唱している。下院の被選挙権者としては、庶民に至るまでの全国民を対象にしている。小三郎は被選挙者として、「門閥貴賤ニ拘らす、道理を明弁し、私無く且人望之帰する人」とし、薩土盟約の第三条では「陪臣庶民ニ至ル迄、正義純粋ノ者」としている。また「約定書」の第七条は、議員選出の留意点として、「私意ヲ去リ公平ニ基キ、術策ヲ設ケス、正実ヲ貴ヒ」と書かれている。小三郎と同様、議員の選出方法に関しては「公平」という文言が入り、これを強調している。すべての国民に開かれた民選議員による国民議会の開設を目指していたことは明らかであろう。これこそ、将軍職辞職などよりも、はるかに特筆されるべき点であろう。

従来、この薩土盟約に示された「議事堂」は、「国民議会」ではなく、「封建議会」とする解釈が根強かった。たとえば坂野潤治氏は、「幕末」にルーツを遡って日本の憲政史を論じた大著『日本憲政史』を著しているが、その中で氏は、薩土の構想を「封建議会」と断じている。なぜ「封建議会」と解釈されるのか説明がないのであるが、他の著書では次のように説明されていた。

「陪臣庶民」と言っても、「庶民」の方は語呂合わせ程度のもので、各藩の武士から選挙するつもりであったろう。公卿と大名とその家臣からなる二院制だから、「封建議会」であることは間違いない。

（坂野 二〇一三：一一三頁）

「つもりであったろう」と薩土首脳の考えを主観的に推測した上で、「封建議会」と断じて「間違いない」とは、研究者が史料に向き合う態度とは思えず、驚きを禁じ得ない。「封建議会」という解釈は明らかに間違いである。「陪臣」は諸侯の家臣、いわゆる「藩士」を指している。その「陪臣」と「庶民」を併記してあるということは、「庶民」の方は、武士以外の百姓・町人など全階層を指しているとしか解釈できない。この文章をふつうに読めば、下院議員の被選挙権は「正義純粋」であることを条件として、全国民に付与されるという解釈しか成り立たない。これを「封建議会」と呼ぶのは、あまりにもバイアスのある読み方である。

薩土盟約締結後の慶応三年七月二八日、西郷隆盛から「議事院」構想を聞かされたイギリスのアーネスト・サトウはそれを「国民議会」と訳し、「かれらが考えているものは、イギリス風の議会（Parliament）というよりも、むしろアメリカ風の議会（Congress）というべきであろう」と日記に書いた（萩原 二〇〇七：二七九頁）。このサトウの証言は、薩土盟約の「議事院」が、全国民を対象に普通選挙で選出される国民議会を目指していたことの証左である。

この当時のイギリスでは、まだ普通選挙は導入されていなかった。この慶応三年（一八六七）は、ようやくイギリス本国で財産制限付きながら都市の労働者にも選挙権が拡大されようとしていたところであった。イギリスで財産制限なしの普通選挙が実現するのは、さらに半世紀下った一九一八年を待たねばならない。

サトウが、西郷らが主張する「議事院」とは、イギリスの「パーラメント」ではなく、アメリカの「コングレス」であると書いたのは、イギリスでも実現されていない普通選挙を提案していたからである。江戸末期の日本人は、イギリスの制度を参考にしつつも、さらにその先を目指していた。まさに、薩土盟約の第六条が唱っていたように「地球上のどこに持っていっても恥じることのない憲法」を制定しようとしていたのである。

坂野氏の世代の研究者は、明治維新を「文明開化」「歴史の進歩」と位置付けたいばかりに、江戸時代の人々の知性と教養を貶めようと、不当なバイアスがかかっている。坂野氏は、「幕末」に遡って憲政史を論じながら、赤松小三郎の「御改正口上書」の存在も無視している。

坂野氏が盛んに引用している、戦前の憲政史研究の金字塔である尾佐竹猛氏の『維新前後における立憲思想』でも赤松小三郎の建白書は紹介されている。また同じく坂野氏が引用する江村栄一氏の『憲法構想』にも赤松小三郎は紹介されているから、坂野氏が赤松の建白書を知らないはずがない。しかるに「幕末」に遡って立憲思想を論じる体系的な著書の中で、日本最初の議会政治の建白書をスルーするというのは、学問的態度としてあまりにも不適当であろう。江戸の議会政治論を「封建議会論」と断じたいというご自身の歴史観にとって、明らかに「封建議会論」とは異なる赤松構想は不都合なので、臭いものに蓋をするように、見て見ぬふりをしているとしか思えないのである。

歴史学者は、なぜ「薩土盟約」を「封建議会」と解釈したがるのか。これは学会の「お家事情」に規定されていると考えない限り、説明のつかない問題である。江戸時代は暗黒社会であり、それを打倒した「明治維新」は「歴史の進歩」であったと捉えるためには、維新志士たちが葬った改革プランが、維新が実現した体制よりはるかに進歩的なものであったという事実は不都合なのだ。

坂本龍馬の「船中八策」は実在せず

従来、薩土盟約「約定書」の原案は坂本龍馬の「船中八策」と考えられてきた。龍馬が「船中八策」を後藤象二郎に伝え、後藤がその案で山内容堂を説得して藩論としてまとめたのだとされてきた。龍馬の「船中八策」はあまりにも有名であるが、実在が確認できない文書である。

「船中八策」とは、文部省の維新史料編纂官であった土佐出身の岩崎鏡川が、一九二六年に編纂された『坂本龍馬関係文書』(日本史籍協会)に収録したものである。しかし前述の通り、文書の原本も写本も示されておらず、内容的にも不審な点が多く、確かな歴史文書ではない。近年では、歴史学者の青山忠正氏や知野文哉氏らによって、その文書の存在そのものが否定されてきている。

出所不明な文章が、なぜ一九二六年になって収録されたかについて、青山氏は「推測だが、維新史料編纂官岩崎は、赤松小三郎の建言書などを史料として閲覧できる立場にあり、それらをもとに半ば創作した可能性も否定できない。端的に言って、『船中八策』は史料として信憑性の低い文章である」と述べている(青山 二〇一一:二三一頁)。

知野文哉氏は、さらに研究を進め、「船中八策」の元になった文書は、弘松宣枝著『阪本龍馬』(明治二九年、民友社)に書かれた「建議案十一箇条」であると結論している。それは、龍馬の縁者である弘松の「記憶」の中にあったテキストであると知野氏は述べる。記憶の中の「建議案十一箇条」からさまざまに修正が加えられ、最終的に、権威ある日本史籍協会編の『坂本龍馬関係文書』に収録され「船中八策」として知られることになった(知野 二〇一三)。その権威から、多くの人々があたかも実在したテキストであるかのように引用するようになり、既成事実と化していったのだった。

龍馬が記した確かな文書としては、大政奉還後の慶応三年一一月に書かれた「新政府綱領八策」がある。しかしながら、どうやら大政奉還前の六月の段階の「船中八策」は、明治になって、坂本龍馬の業績に箔をつけるために創作されたもののようだ。

慶応三年一一月の龍馬の「新政府綱領八策」は、「上下議政局」「新タニ無窮ノ大典ヲ定ム(=憲法制定)」「海陸軍局」といった項目を並べただけのものであり、それ以前に書かれた薩土盟約「約定書」にある豊富な内容には遠く及ばない。

今日、国会議事堂前の憲政記念館に行くと、坂本龍馬の「新政府綱領八策」が日本最初の憲政史料であるかのように冒頭に展示されている。しかし先行する赤松小三郎の「御改正口上書」や薩土盟約の「約定書」の豊富な内容に比べると、龍馬の「新政府綱領八策」は、議会政治の本質的な部分は何ら言及されていない、曖昧で具体性に欠ける文書なのである。

本書の巻末資料に龍馬の「新政府綱領八策」も付した。これは、日本の憲政史料の筆頭に掲げられるべき文章ではないことが分かるであろう。巻末には古い順に、赤松「口上書」、薩土盟約「約定書」、龍馬「八策」、「五箇条の御誓文」と並べてある。公議政体論者たちが夢見ていた豊かな構想が、次第に骨抜きにされていく様子、明らかであろう。

福沢諭吉『西洋事情』の影響

後藤象二郎が、坂本龍馬から薩土盟約の構想を得たのでないとすれば、どこから得たのであろうか。後藤本人が後年の一八八八年に当時を回顧した談話によれば、慶応二年の長崎滞在中に、福沢諭吉の『西洋事情』や『聯邦政略』（ママ。箕作院甫著『聯邦志略』の誤り）などを読んで研学した結果、「徳川の政権を取りて更に政府を設くるの可なるの若かすと思へり」ということであった（知野 二〇一三：四八頁）。

すなわち後藤は、『西洋事情』等の本を読んで、西洋の政体について学んだ結果、徳川政権に代わって、西洋式の立憲議会政治を導入するしかないと確信するに至ったということである。当時、立憲主義と議会政治を求める人々の声は急速に拡大していた。その議論の発端として、福沢諭吉の『西洋事情』の与えた影響は大きい。

赤松小三郎の建白書の内容も、明らかに福沢の『西洋事情』を参考にしている。とくに「御改正口上書」の第一条の天朝と議政局による統治機構論は、福沢諭吉が紹介した米国政治と英国政治についての記述を参考にしつつ、日本の現状に合うように英米の優れた部分を接合して小三郎なりにアレンジしたものである。

後藤象二郎も同様だったのであろう。イギリスやアメリカの議会制度の中に、日本にも導入可能な優れた普遍的な制度があれば、それを参考にしようと考えるのは、聡明な人物であれば当然のことであろう。坂本龍馬から入れ知恵されない限り、後藤象二郎が単独でその構想を思いつくことはなかったという従来の説は、後藤に対して失礼と言うべきだ。

福沢本人は、あくまで西洋の政治システムを紹介しただけであって、日本もアメリカやイギリスの制度を導入すべきといった具体的提言まではしていない。ゆえに福沢は、『西洋事情』を書いたからといって、日本に議会政治の導入を建白した人物というわけではない。しかし、この本によって諸侯から庶民まで、多くの日本人が新しい日本の政体について考えるきっかけになった。福沢の意図もそこにあったのであろう。福沢の功績は大きい。慶応三年の段階では、すでに立憲主義・議会政治を求める国民的議論が下から沸き起こっていたのだ。

『西洋事情』の内容を確認しよう。それは慶応二年（一八六六）一〇月に出版され、西洋の立憲主義・議会政治について平易に解説されており、当時、一五万部売れたという大ベストセラーであった。海賊版も含めれば二五万部は売れただろうといわれている。借りて読んだ人々も多かっただろうから、どれだけの人々に読まれたのかよく分からない。当時の日本の人口は現在の四分の一程度であるから、今の基準に直せば一〇〇万部超の大ベストセラーだったということである。義務教育のなかった時代としては驚くべきことだろう。江戸時代の日本人の教育水準の高さを物語っている。

福沢は、世界の政治体制を、立君独裁制、立君定律制（立憲君主制）、共和制に三分類した上で、アメリカ（亞米利加）と英国の政治体制を紹介している。福沢は、constitution（憲法）を「律例」と訳し、constitutional monarchy（立憲君主制）を「立君定律」と訳している。立憲君主制とは、為政者が超えてはならない矩を定め、君主の権限を「律する」ことだと捉えたわけだ。立憲主義の本質を捉えた上手い訳といえよう。赤松小三郎が憲法のことを「国律」と呼んだのも、福沢の「律例」という訳語に由来しているのかも知れない。

福沢は、republicという英語には、今日と同じ「共和制」という訳語を当てている。もっとも「共和制」という訳語を最初に用いたのは福沢ではない。一八四五年にはオランダ語のrepubliekが箕作省吾によってすでに「共和政治」と訳されていた（江村　一九八九：九頁）。

福沢は、イギリスの首相（prime minister）を「大閣老」と訳している。大閣老とは、それまでの「老中」と「大老」といった馴染み深い言葉に近いので、当時の日本人に違和感なく受け入れられる上手い訳だった。小三郎も、建白書の中で、「大閣老」という訳語をそのまま採用した。赤松小三郎も福沢の『西洋事情』を参考にしながら「御改正口上書」を書いていることは明らかである。

福沢は、西洋の政治・経済の諸制度にかんする日本語訳も十分に定まっていない段階にあって、洗練された訳語を用いて、分かりやすく西洋の政治制度の解説を行なった。この業績は大きい。この本によって、諸侯から庶民に至るまで、多くの日本人が、「共和制」や「立君定律（立憲君主）制」という西洋の政治体制を理解し、そうした途の可能性について夢を膨らませたのである。

平山洋氏は、赤松小三郎の「御改正口上書」や山本覚馬の「管見」も、福沢諭吉の『西洋事情』の影響を受けていると論じ、従来の明治維新研究や憲政史研究が、福沢の『西洋事情』の与えた影響を無視した上で進められてきたことを批判している（平山　二〇一三）。その見解には著者も同意する。その通りであろう。

しかしながら小三郎は、福沢が紹介した英米の政治制度を単純に模倣したのではない。英国式や米国式の参考にすべき部分を取り入れながら、日本の国柄に合わせて改変している。イギリスの制度をそのまま受け売りしているわけではないのだ。天皇を戴くが、それは日本の国柄に合わせ、国民統合の象徴的存在としてであり、イギリス国王よりも、その権限を縮小しようとしている。

貴族院も同様である。議政局の上局は、イギリスと同じように貴族で構成されるが、イギリスの上院が世襲制の議員や終身制の議員などで構成されるのに対し、小三郎は世襲・終身議員を認めず、公卿と諸侯と旗本の中から「入札（選挙）」で三〇人を選ぶとしている。イギリスの貴族院を参考にしつつも、あくまでも投票で選ばれた人間でなければならないと考えていた。イギリスとは異なる日本独自の方向を模索していることが分かるであろう。

他にも小三郎のこだわりとして、行政府に対して立法府の権限を強くしようとしている点がある。それがよく表われているのは、議会の決議に対する拒否権の問題であろう。福沢諭吉は『西洋事情』の中で、アメリカ合州国憲法に規定された大統領の拒否権を次のように紹介している。

上下院にて既に議定せる事にても、大統領に於いて異存あれば一人の特権を以て之を拒み、両院に下して再議せしむべし。但し之を再議し、両院の議事官総人数の内、三分の二にて同意一定するときは、たとひ大統領の免許なくとも定て法と為すべし。（福沢『西洋事情』）

行政府の長としてのアメリカ大統領は、議会が賛成多数で定めた法律に対して拒否権を行使できるが、議会が再議して三分の二の同意を得た場合、もはや大統領は再度拒否権を行使することはできないという、米国憲法の説明である。これに対し、小三郎は、「御改正口上書」で、行政府（天朝）と立法府（議政局）の関係について、次のように述べている。

此両局ニて総而国事を議し、決議之上天朝へ建白し、御許容之上、天朝より国中ニ命し、若し御許容無きヶ条ハ、議政局ニ而再議し、弥公平之説ニ帰すれハ、此令ハ是非共下さゝることを得さる事を天朝へ建白して、直ニ議政局より国中ニ布告すへし、

小三郎の建白書のこの部分は、明らかに福沢がアメリカ大統領の拒否権を解説した文章を参考にしながら書いていることが分かるであろう。しかしながら、拒否権に関して、米国憲法と赤松建白書には明確な相違があることも同時に分かる。

米国憲法では、大統領が拒否権を発動した際に、議会は三分の二の票を集めて再決議せねばならない。それに対し、小三郎の案では、「三分の二」という規定を省いているのである。小三郎は、三分の二はハードルが高いと考えたのであろう。天朝（天皇と内閣）は議会の決議事項に異議を唱えることはできるが、議会が再度議論した上で、「いよいよ公平なものである」と確認すれば、天朝の反対を押し切ってその法令を布告できるとしている。

すなわち、米国憲法は、大統領に「拒否権がある」ということに力点があるのに対し、小三郎案では天皇にも首相にも「拒否権はない」ということに力点がある。行政府と立法府の力関係が逆転しているのである。小三郎が単に『西洋事情』を模倣しているわけでないことは明らかであろう。

小三郎は、米国大統領のように一個人に強力な権限が集中することは、個人の考え違い、思い違いなどから重大な過ちを犯すリスクが高いと危険視していた。立法府である議政局の決定に内閣は従うべきだと考え、拒否権や解散権を退けたのである。小三郎はあくまで、特定のリーダーに政治的な意思決定を委ねるのではなく、議会の中で国民の代表が慎重に公開審議して練り上げられた「公議輿論」に従って国事を遂行するのが最良であると考えていた。講義の場で門人たちに、米国式ではなく「英国式を参考として日本の国柄に合はせるがよい」と語っていたこととの真意はここにある。

御改正口上書と薩土盟約の相違点

赤松小三郎の建白書と薩土盟約の約定書のあいだには相違点もある。薩土盟約では、小三郎の建白書にある、人材教育、税制改革、通貨政策、陸海軍の軍備、殖産興業、洋食の奨励といった教育・経済・民生・軍事への提言はない。その代わりに盟約の約定書には、当時国政の重要課題であった兵庫開港問題への提言が含まれている。

もっとも、教育・産業・軍備などは、統治機構の根幹についての問題ではなく、新政府が樹立された後の実務レベルでの政策課題になる。薩土盟約で省かれているのも不思議ではない。しかし統治機構論の根幹部分についても、小三郎案と薩土盟約案では、以下のようにいくつかの重要な相違がある。

(1) 旗本と大君の扱い

議会政治のシステム上で看過できない相違点は、薩土盟約では上院議員の対象が「公卿と諸侯」になっており、小三郎案にある「旗本」が抜けている点である。

また小三郎の建白書では「大君」が閣僚の候補として挙がっていたが、薩土盟約では「将軍」職は辞任して天皇に仕える一諸侯の地位に降りるべきであるとしており、将軍の扱いにかんしては何ら言及されていない。

小三郎は、大君も旗本も新政権に取り込んで、徳川政権の人材を平和裏に新政権に移行させようとしていた。これは、もっとも社会的混乱の少ない、平和革命の方法であった。当時、公卿・諸侯・旗本の中で、もっとも豊富な知識と実務能力を備えた人材を提供できる最大の母体は、もちろん旗本であった。諸侯と公卿に有用な人材など数えるほどしかいなかった。旗本を入れない限り、上院を実質的に機能させることなどできなかっただろう。
実際、明治維新政府の下で、各省の大臣クラスは薩長土肥の藩閥出身者が占めたが、実質的な実務レベルを担った各省の人材の多くは旧「幕臣」層から供給された。薩長土肥の高官たちは血なまぐさい内ゲバや政争に明け暮れていた中で、実務能力の高い旧「幕臣」層が職務を遂行していたからこそ、曲がりなりにも明治政府は機能し得た。旗本を平和裏に新政権に取り込める小三郎案ならば、円滑に新時代への移行を可能にしたはずである。

（2）内閣制度の問題

小三郎案では、既述のごとく、内閣を構成する六人の宰相（閣僚）は大君、公卿、諸侯、旗本の中から、大臣を支える各省の高官は門閥を論ぜず、それぞれ議政局が選出するとしている。明記されていないが、閣僚は上局から、その下の各省の次官級の高官は主に下局から選出することを念頭に置いていたと思われる。議院内閣制である。

それに対する薩土盟約では、立法府としての議事院に関する記述はあるが、内閣制度など行政府に関する具体的な記述が欠落している。薩土盟約に記された「議事院」を「封建議会」と批判する坂野潤治氏は、内閣制度の記述がないという点に関して、次のように批判している。

「薩土盟約」の要求を徳川慶喜が受け入れたとして、それは二院制の「議会」が発足するにすぎない。議会が監督する「政府」は、どこにあるのだろうか。今日のように「下院」が首相を選び、首相が閣僚を選ぶシステムを一世紀半も前の封建制の下で実現できたはずがない。（坂野 二〇一三：一一六頁）

「実現できたはずがない」と断言する根拠など何もない。もちろん実現できたはずである。赤松小三郎は首相も閣僚も議会が選ぶ議院内閣制を提起しており、少なくとも小松帯刀など薩摩側は、その案を周知であった。

そもそも内閣制度の導入は、それほど実現困難とは思えない。徳川政権下でも、譜代大名から老中首座（首相）と老中（閣僚）とを選んで組閣していた。議政局を設立の上、閣僚の選抜対象を、すべての諸侯と公卿と旗本に広げればよいわけだ。老中制度の延長であり、実現困難とは思えない。

薩土盟約の「約定書」に内閣制度の言及がなかった理由は、幕閣の入閣の可否などの微妙な点をめぐって意見の一致を見なかったからではあるまいか。しかし、それは追って細部を詰めていけばよい問題である。それをもってして薩土盟約の意義を否定しようとする坂野氏の理屈は筋違いだろう。

小三郎は、大臣の候補として「大君」も挙げている。世襲権力を何よりも嫌った小三郎であるが、平和的に新政権を樹立するためには、政権発足当初は徳川慶喜を「大閣老（首相）」に選出するという選択肢は考えていただろう。

青山忠正氏は、赤松小三郎の建白書について、「『大閣老』に暗に『大君』（将軍慶喜）を擬している風が見える。この点に関する限り、関係者の見解は真っ二つに分かれるだろう。薩摩・芸州・長州は反対、土佐・越前・尾張は賛成である」と述べている（青山 二〇一一：二三〇頁）。

薩摩の西郷や大久保は、大君を新政権にも組み込むという案を容認できず、何としてでも慶喜を排除しようと考えたが、土佐はそうではなかった。しかし、そこで揉めるのは本質的な問題であろうか。徳川慶喜が過渡的に「大閣老」に就任したとして、それが徳川政権の存続を意味するわけではないからだ。議政局が内閣を選ぶという憲法が成立してしまえば、当初こそ徳川宗家が大閣老に就任したとしても、世襲権力としての大君制は自動的に消滅する。徳川慶喜を過渡的に入閣させるか否かは、たかが慶喜一代限りの話であり、日本の近代化にとって本質的な問題ではなかったはずなのだ。

地球のどこに持っていっても恥じるところのない憲法を

薩土盟約の「約定書」にある金言は「万国ニ臨テ不恥」さらに「地球上ニ愧(は)サルノ国本ヲ建ン」という表現である。当時まだ、constitutionを「憲法」とする訳語は定まっていなかったが、「国本」が憲法を意味していることは明らかであろう。地球のどこに持っていっても恥じるところのない近代的な憲法を制定しよう、「私意ヲ去リ公平ニ基キ」、西洋に負けない水準の立憲政治を実現しようという崇高な決意表明である。地球規模にまで視野を広げた、格調の高いマニフェストであった。

日本国憲法の前文では、日本国憲法が奉じる主権在民の価値を「人類普遍の原理」という言葉を用いて表現している。薩土盟約が掲げた「地球上ニ愧サルノ国本」という理念は、まさに現行憲法の「人類普遍」という表現に等しい。赤松小三郎も先に紹介したように島津久光への建白書で、「『万国普通公平之御国律』の制定を『懇願奉る』」と記している。「万国普通公平の御国律」も「人類普遍の原理」という現行憲法の表現に等しい。

坂本龍馬は憲法のことを「無窮ノ大典」と表記している。「無窮ノ大典」とは「国の一切がっさいの大本になる根本法」のようなニュアンスであろう。含蓄のある言葉だと思う。「無窮ノ大典」とは、閣議決定で軽々しく解釈が変えられるようなものではないのだ。

時代は下って平成の安倍晋三首相は、憲法前文にある「人類普遍」という表現こそ、日本固有の価値を否定する「ＧＨＱの押し付け」と考え、目の敵にしている。自民党がその憲法改正案を解説したパンフレット「日本国憲法改正案Ｑ＆Ａ　増補版」には、「国民の権利及び義務」として以下のように書かれている。

人権規定も、我が国の歴史、文化、伝統を踏まえたものであることも必要だと考えます。現行憲法の規定の中には、西欧の天賦人権説に基づいて規定されていると思われるものが散見されることから、こうした規定は改める必要があると考えました。

著者はこの言葉に戦慄を覚える。人類普遍・万国共通の理念の追求は、「GHQの押し付け」どころか、安倍首相の大先輩である長州尊攘派などを除けば、道理をわきまえた日本人たちが、慶応年間から考え、提案し、自らの意志で主体的に選択しようとしていたことなのだ。

「地球上のどこに持っていっても恥じることのない憲法を制定しよう」という慶応年間の崇高な理念と、それから一五〇年を経た後の政府与党の改憲構想を比べると、日本人として、地球のどこに行っても恥ずかしい。

憲法とは、赤松小三郎が「国律」と訳している通り、国民が政府を律し、基本的人権を守らせ、公議輿論を実現するための、根源的な制度である。しかるに自民党の改憲プランはといえば、国家が国民を縛り、律し、監督し、為政者に都合のよい「道徳」を押し付けようという発想の、立憲主義のイロハも分かっていないシロモノである。

改憲論者は日本の歴史も知らない

百歩譲って、人間が個人として尊重されることを否定し、国民を天皇を中心とする国家共同体の歯車にしようという自民党改憲案のような発想が、日本の一部にあったとして、それは決して「日本」の伝統などではない。「幕末」の水戸や長州などの尊攘過激派の内部で芽生えた、特殊な集団に固有の価値観であり、「我が国の歴史、文化、伝統を踏まえたもの」などでは、決してないのである。

生きとし生けるものをいつくしむことこそ、日本に古くからある伝統的な価値観である。一例であるが、一六四〇年、近江聖人・中江藤樹は『翁問答』で以下のように述べている。

ばんみんはことごとく天地の子なれば、われも人も人間のかたちあるほどのものは、みな兄弟なり。

（『翁問答』）

こうした考えこそ、日本の歴史、文化、伝統を踏まえた「天賦人権」の考え方ではないのか。中江藤樹がこれを書いたのは、大坂夏の陣によって戦国乱世が終焉してからわずか二五年後のことであった。その当時のヨーロッパはといえば、血で血を洗う凄惨な三十年戦争の最中であり、近代的な人権思想の生成以前の段階にあった。

中江藤樹はフランスの人権宣言の一五〇年前にこれを書いた。基本的人権など西欧の押し付けと考える自民党改憲論者たちの思想は、「我が国の歴史、文化、伝統」に対する根本的な無知に由来するとしか言いようがない。日本人は西洋から押し付けられない限り「民主主義」も「基本的人権」も自らが選び取ることができなかったと考える彼・彼女らこそ、日本人の知性と民度を不当に貶める「自虐史観」の持ち主たちだと言えるだろう。

政治的な目的を達するためには、人の命など露ほどにも思わず、粛清・暗殺・テロなどあらゆる卑劣な手段を講じ、天皇を中心とする「国体」なるもののためならば全員玉砕するのも可なりというのは、水戸や長州などの尊王攘夷の政治運動に由来する思想である。それは決して日本の伝統的価値観などではない。そのような「国体」など、水戸や長州の尊攘派の観念の中での想像の産物であり、日本のそれ以前の歴史においては現実には存在したことのない、伝統とは異質な思想なのである。

いわんや、断じて許容できないのは、長州の尊攘派が、天皇を神格化する虚妄を振りまきつつ、いざ孝明天皇が彼らの思い通りには動かず、徳川や会津に味方するや、禁門の変において京都御所を襲撃し、天皇を取り除くことも辞さなかったという、その歴史的事実である。長州閥の末裔たちが、「愛国」だの「国体護持」だのと口に出すこと自体、笑止千万でしかなかった。

それから一五〇年以上が経った現在、長州閥の末裔政権が望む改憲にとって、最大の障害になっているのが、護憲を鮮明にしている明仁天皇となっている。時代状況は、「幕末」当時の状況とダブるのである。

明治維新最大の過ち

慶応年間、全国民に参政権を付与する民主的な議会政治を開始する気運は高まり、成熟していた。薩土盟約のまま事態が推移していけば、日本は、現行憲法制定の七五年以上前に、民主的な議会が開設され、基本的人権を含む憲法を戴く、立憲君主国に移行していたはずである。天皇は「君臨すれども統治しない」象徴的な存在となっていったはずである。それこそ日本の伝統に整合的な政体であった。

薩土盟約というと、大政奉還を「幕府」に求めたことが最も重要な点と指摘されてきた。しかし、大政奉還それ自体は、すでに当時の反大君派の政治勢力の中では、ある程度の了解事項になっていた。重要な点はその先にあった。すなわち、大政奉還の後にどのような統治機構を構築するかという課題である。当時、大政奉還の先にある政権の選択肢としては、次のようないくつかの可能性があった。

（1）赤松小三郎の提案するように、全国民に選挙権を与えた上で議会政治に移行する。

（2）旗本の大久保忠寛が提案したように、徳川慶喜が諸侯の一人の地位に降りて、全大名の中から議員を選ぶという諸侯合議制の政体に移行する。

（3）西周の提案のように、徳川宗家が大君として行政権を行使し、議会は開設するがその議長は大君が兼ねるという、大君中心の専制体制の下に近代化を進める。

（4）国学者たちが主張するように、古代の律令制に範をとった天皇を頂点とする祭政一致の復古体制に移行する。

「大政奉還」という点までは同じでも、その先にどのような統治機構を整備するのかに関して、このように、いくつもの途があり得たのである。これらの中から、どの途を選択するのかによって、その後の日本の「国のかたち」は全く異なってくることが分かるであろう。薩土盟約の画期的であった点は、民選議員による議会を設立し、立法権は議会に帰属するという議会制民主主義の方向性を指向していたことなのである。

時代が煮詰まった分岐点というのは、カミソリの刃の尖端にいるようなものである。いわゆる複雑系だ。そうした状況においては、些細な偶然によるわずかの出来事が、歴史の方向性を分岐させる。些細な「ゆらぎ」で、カミソリの刃の先端からどちらに転がるかも分からず、転んだ方向によって、その後の歴史の発展経路は全く異なったものになってしまうのだ。

歴史が、（1）の方向に行く可能性は十分にあった。しかし、薩摩が土佐との盟約を破棄し、長州と組んで武力討幕に向かったことによって、現実の明治維新は、王政復古クーデターと戊辰戦争という流血の惨事を経て、（4）にあるような、天皇を神格化する祭政一致のコースを選択するという最悪の経路をたどった。その初動の誤りが、後年において修復不可能なほどに拡大していき、ついには昭和の亡国につながったのだ。明治維新の「初動」時に植え付けられた誤謬の根は、敗戦によってもなお潰えず、今日の安倍政権に至るまで根を張って、日本を呪縛し続けている。

第３章

明治維新神話とプロクルステスの寝台

3-1　吉田松陰

神国思想の持ち主で、宗教的な天皇崇拝者にして、民族排外主義者であった。左右両派から近代日本の立役者として評価されるのはなぜなのだろう。

左右共通の物語

日本人は「明治維新」という国民的物語が大好きである。それは日本人に広く共有され、政治的な保守・革新という対立を超えて、公共の記憶として語り伝えられてきた。一般に右派と左派では歴史観が大きく異なっていると思われているが、「明治維新の物語」については、そうではない。「日本近代化の原点」「国民国家の形成」「歴史の進歩」としての「明治維新の物語」は、左右両派に共有されてきた。

ベネディクト・アンダーソンが『想像の共同体』で指摘した通り、国民国家の物語の形成において、記憶と忘却は表裏である。前章で確認したように、明治維新の物語においては、存在した証拠がなく、しかも内容が貧弱な「船中八策」が「公共の記憶」として語り伝えられてきた一方で、実際に慶応年間に提出されていた具体的で豊かな内容を持つ立憲主義を求める建白書の数々は、ことごとく忘却されてきた。実証史学も何もあったものではない。あまりにオソマツと言えよう。いったい、そうまでしなければならない理由は何だったのだろう?

異端の明治維新研究者・鵜飼政志氏は、明治維新の解釈をめぐって、「皇国史観・王政復古史観」と「戦後日本のマルクス主義歴史観」は基本的に同じものであると述べる。左右共通の明治維新物語があり、歴史学者は物語の枠組みに合致するように考証してきたのであり、その「物語」に矛盾する事実が明らかになっても物語は修正されない（鵜飼 二〇一四）。

世界経済史を西洋中心に叙述する「物語」の枠組みを痛烈に批判したアンドレ・グンダー・フランクは、

著書『リオリエント』の中で、このような学問的態度を、「プロクルステスの寝台」と呼んでいる。「プロクルステスの寝台」とは、あらかじめ学説の枠組みが固定されて存在し、その枠組みに合致する事実を採用し、合致しない事実は切り捨てていくような学問的態度のことを指す。ギリシア神話に出てくるプロクルステスが、捕えた旅人の身長が寝台より長ければ切り縮め、身長が短ければ逆に叩きのばしたという物語からの比喩である。フランクは、実際には産業革命以前の世界経済の中心は東洋であったにもかかわらず、西洋が中心でなければならないという思い込みによって、事実関係が捻じ曲げられてきたことを実証した（フランク　二〇〇〇）。

ある学問分野において、正統派と見なされた学説が学会で固定されてしまい、修正することがタブーになってしまうという現象は、歴史学の分野のみで見られる現象ではない。著者の専門分野においてもそうであるし、他のさまざまな分野でも往々にしてある。寝台の長さに合わない旅人（＝主流派学説に修正を迫る新事実の提起など）が来れば、切ったり伸ばしたりして、無理矢理に寝台に合わせてしまうようになる。すなわち、ドグマが事実に優先される。

吉田松陰はなぜ記憶されねばならないのか？

日本の明治維新研究者は、長い間「プロクルステスの寝台」を実践してきた。その事例として、本章では主として吉田松陰を取り上げる。それは彼の虚像が日本の左右の政治運動を呪縛してきたが故である。

前掲の鵜飼氏は、吉田松陰について次のように述べている。

（松陰は）ペリー艦隊に乗り込んでアメリカ密航を企て、また老中・間部詮勝の暗殺を、松下村塾の弟子と画策するなど、幕府や長州からみれば犯罪者にほかならず、長州藩士のすべてが彼を尊敬していたわけではない。しかし彼の教え子たちから多くの明治国家指導者を輩出したこともあり、戦前社会のなかで松陰は顕彰された。

ところが、戦後、マルクス主義歴史学の立場にたった明治維新史家までもが、松陰を高く評価した。彼の思想の革命性に注目したのである。（中略）歴史の発展・進歩を歴史観の根底におくマルクス主義歴史学者たちにとってみれば、打倒されるべき天皇制国家指導者たちの思想的源泉たる彼らの恩師を、革命の人物、進歩の担い手として高く評価せざるを得なかったのである。（鵜飼 二〇一四：七頁）

「歴史は進歩するのが必然だ」という左派歴史学者の抱える根源的バイアスによって、彼らは歪んだ歴史像を構成してしまっている。戦後の左派歴史学者も、無自覚的に、戦前と同じ明治維新の物語を死守する側に回ってきた。

戦前からマルクス学派の中では、明治維新を「ブルジョア革命」と見る「労農派」と、封建遺制が残存した状態の「絶対主義国家」への移行だったと見る「講座派」の対立があった。しかし明治維新を「幕藩体制を打倒した近代的社会改革」であり、「歴史の進歩」だったと見る限りにおいて、両者変わるところはなかった。マルクス史学の発展段階論的な歴史法則主義においては、「絶対王政」も歴史の一段階として、必要不可欠なステージであり、封建制に比べれば「進歩」と解釈されるのだ。

そう解釈するためには、「薩長＝進歩派」「幕府＝反動派」と規定せねばならず、そのためには「幕府」を必要以上に脚色して悪く描かねばならなかったし、かたや長州攘夷派のイデオローグ吉田松陰を「進歩的思想家」として記憶せねば、「物語」は成立しなかったのである。

近年、左派の歴史観に立脚して、もっとも体系的な明治維新通史を書いた著作として宮地正人氏の『幕末維新変革史（上・下）』が挙げられる。この書に関して、鵜飼氏は「理路整然としたその叙述は見事なものであるが、主観主義的な明治維新研究の流れを拡充させたとの印象を否めない」（鵜飼 二〇一四：二二頁）と評価している。じつは、著者も宮地正人氏の『幕末維新変革史』を読んで同様な印象を持った。宮地正人氏は前掲書において、吉田松陰が僧・月性との往復書簡に書いた次の言葉を引用しながら松陰を高く評価している。

吾が師象山甚だ活眼あり、大意吾が国より人を開くは妙、左候えば通信通史も心のままなり、人に開かれ、涙出でて呉に妻（めあわ）す分にてとても国は持ちこたえ得ざるとなり。

［現代語訳］
私の師である佐久間象山には慧眼があり、自らが率先して開国するのであれば通商もうまくいくだろうが、涙ながらに嫁がされるように、異国に強要されて従わざるを得ないというのであれば、とても国家は持ちこたえられないと言っていました

宮地氏はこれを引用しながら、次のように松陰を称えるのである。

これは鎖国論者の言では全くない。そこには国家の魂が問題とされ、欧米列強の創り出した地球規模の世界の中で対等に互していく力量をもつ主権国家となることは果たして可能か、との切実な関心事が簡潔にいい尽くされている。サムライ階級からの主権国家形成の課題が樹てられているのである。
（宮地　二〇一二（上）：一四二～一四三頁）

松陰は、佐久間象山の言葉を月性に紹介したのであって、前述の言葉は松陰本人のものですらない。それを松陰を称賛する目的のために引用するというのも変である。社会進歩の体現者としての松陰を位置付

け、記憶するためには、その発言は都合よく引き伸ばされる。松陰は他方で、神国思想に基づいた観念的で排外主義的な攘夷論を弟子たちに向かって吹聴しているのだが、左派にとってそれらの思想は不都合なので、そちらの発言は都合よく切り縮められるのだ。

赤松小三郎はなぜ忘却されねばならないのか?

吉田松陰を「近代主権国家形成の先駆者」として評価する歴史学者は、近代立憲主義・議会政治の先唱者である赤松小三郎をどのように評価するのであろうか。前掲の宮地正人氏は、二〇一三年八月、著者もメンバーである「赤松小三郎研究会」の招きに応じて、文京区で講演して下さった。学会の重鎮であり、博識な宮地氏は、当然のごとく赤松小三郎を知っていた。学会の大御所である宮地氏が快く出向いて講演して下さったのであるから、心より感謝している。しかし同時に、日本の戦後の明治維新研究が抱えてきた大きな問題点も痛感せざるを得ない内容であった。

著者はあいにく出張中で出席できなかったので、あとで講演記録を見せていただいた。宮地氏は、赤松小三郎が松平春嶽に提出した建白書を評価して、「あくまで幕府主体の上からの改革プログラム」と述べられたというのである。それを知って、愕然として言葉を失ってしまった。もちろん歴史学者でない著者は、個々の歴史的な事実関係の知識の点で、専門家の宮地氏に遠く及ぶものではない。しかしながら素人であっても(素人であるからこそ?)、専門家が「常識」と信じ込んでいる「解釈をめぐるドグマ」が、一般人の社会通念に照らして非常識であると看破することはできる。

小三郎の政体改革構想には、「幕府主体」のニュアンスなどない。非専門家であっても(非専門家であるからこそ?)、小三郎の「御改正口上書」をふつうに読めば、「幕府主体」のプランと解釈することは不可能である。これを「幕府主体の改革案」と解釈して寝台に載せるには、かなり強引に切り縮めてもまだ足りない。いったい赤松小三郎の建白書のどこをどう読めば、「幕府主体の上からの改革プログラム」と解釈できるのだろう。業界の慣習を知らない一般人には意味不明である。

宮地氏は、二〇一三年一一月にも上田に招かれて再度赤松小三郎について講演している。その講演録は、宮地氏の近著『地域の視座から通史を撃て！』に収録された。こちらの本では、東京での講演会で述べられた「幕府主体の上からの改革」という表現は用いられていない。さすがに活字にする段になると、そう主張するのには無理があると判断されたのかもしれない。

しかしながら、この著書においても小三郎の建白書の解釈はバイアスに満ち溢れており、プロクルステスの寝台の実践例と言わざるを得ない。宮地氏は、小三郎の「御改正口上書」の主眼は「天幕御合体、諸藩一和」の実現にあるとし、次の五点に要約するのである（宮地 二〇一六：一一四頁）。

（a）天子に侍する宰相は将軍
（b）議政局を上下二局とし、下局は諸国より入札して議員一三〇人を、上局は堂上・諸侯・旗本より入札して議員三〇人を選出すること
（c）人材教育を振興すること
（d）年貢掛り米を減じて諸民諸物に運上を賦課すること
（e）海陸軍の兵士は幕臣・諸藩より用立候塾兵を出して四年交代、隊長は天朝より命じて、ゆくゆくは士を減すこと

著者も大学教員のはしくれであるが、かりに学生に「小三郎の『御改正口上書』の主張内容を要約せよ」という課題を出し、学生がこの五点にまとめてきたとしたら、遺憾ながら赤点を付けざるを得ない。

まず、（a）の読み方は明らかに変である。宰相について小三郎が述べている原文は、「天下ニ侍する宰

相ハ　大君・堂上方・諸侯方・御旗本之内、道理ニ明ニして、方今之事務ニ通し、万国之事情を知り候人を撰て六人を侍せしめ」というものだ。大君（将軍）も、宰相（＝六人の国務大臣）の候補ではあるが、あくまで候補の一人でしかない。それに続く、堂上・諸侯・旗本を略すとは、どれだけ意地悪な読み方なのであろう。しかも宰相を選出するのは議政局であるから、徳川将軍家に「イエ」として世襲される権力は存在しなくなることは明らかである。かりに新政権発足後に、議政局が徳川慶喜を宰相に選出したとしても、それはもはや世襲の権力ではない。小三郎の構想を「幕府主体」と解釈するため「宰相は将軍」としたのであろうが、あまりにもバイアスのある読み方といわざるを得ない。

（b）の、議政局の解説も遺憾ながらポイントを外している。小三郎の提唱した議政局論は、それを国権の最高機関としたところに最大のポイントがある。下局と上局の議員数やその構成などは技術的問題にすぎず、問題の本質ではない。

（d）の解釈もポイントを外している。この箇条の原文は「国中之人民平等ニ御撫育相成、人々其性ニ準て充分を尽させ……」で始まる。この条項の核心は、全ての人民を法の下で平等に扱い、各々の個性を尊重すること、職業に差別はなく、職業選択の自由があるという人権規定にある。その文脈の中で、農民に対する重税を改め、すべての職種に公平に課税すべきとしたのである。基本的人権に関する条文を、「諸民諸物に運上を賦課」と要約されたのでは、単なる増税の提案のように読めてしまう。あまりにも小三郎の本心を歪めた要約だといえるだろう。

（e）は、国防に関する提案であるが、この要約も途方もなくおかしい。「兵士は幕臣・藩士より用立」と要約されたのでは、従来の封建的軍隊の延長のようである。小三郎の真意とは全く異なっている。小三郎の国防構想の最大のポイントは、平時においては最新鋭の兵器を揃えた上で必要最小限の兵力で陸海軍を整備すること、軍人を徐々に武士から志願兵へ切り替えること、そして戦時においては国中すべての男女を兵士とする民兵制度を導入することである。これは近代的民主主義国家における国民軍の構想である。

幕臣・諸藩より軍人を選抜するというのは、陸海軍建設の初期にのみ適用する急場の策であって、小三郎の建白の力点はそこに置かれていないことは明らかである。

薩長中心の「明治維新の物語」を守りたい歴史研究者にとって、赤松小三郎の存在は無視するか、もし取り上げるとすれば、このようにバイアスをもって真意を捻じ曲げて解釈するしかないのであろう。

宮地氏は、『地域の視座から通史を撃て！』の「あとがき」で、赤松小三郎についての講演を引き受けた理由として、「赤松については専門的に研究したことはなかったが、慶応三年五月の彼の議会開設意見書が幕末通史の中で如何に位置づけたらいいか以前より気にかかっていたところでもあり、あっさりと承諾」したと記しておられる。

ちなみに宮地氏が通史として書かれた大著『幕末維新変革史』には、赤松小三郎の名は一行も登場しない。「以前より気にかかっていた」が、通史には位置付けられなかったということであろう。宮地氏が「通史」と呼ぶ、明治維新の「物語」の枠組みに合致しない事実は無視せざるを得ない、すなわち、プロクルステスの寝台を実践しているということを率直に認めておられるように読める。

続けて宮地氏は次のように述べる。「何ゆえに赤松小三郎という譜代藩洋学兵学者が日本で最初の議会開設提唱者たらざるを得なくなったか、自分自身がようやく納得出来たことに、考える機会を与えてくれた友人井上剛氏と併せ講演会参加者の方々に感謝したい」と。

「たらざるを得なくなった」という表現に、日本最初の議会開設提唱者が、西南「雄藩」からではなく、宮地氏が「守旧藩」と呼ぶ地域から出たという不都合な事実に、すこぶる不満な様子が窺われる。その不満ゆえに「日本最初の議会開設提唱者」を、歴史研究者たちは戦後一貫して無視に等しい扱いをしてきたのであろう。著者は、「守旧藩」というレッテルを貼られる地域から日本最初の議会制度の提案が出たことそのものが、西南「雄藩」中心に組み立てられた「明治維新の物語」の枠組みに重大な修正を迫る事実だと考える。

なぜ赤松小三郎が日本最初の議会開設提唱者になったかという点に関する宮地氏の回答は、強力な近代的軍隊の創設というミリタリー・エンジニアとしての職業的な要請から、政治体制の変革までをも訴えざるを得なくなったというものであった。

それも確かに重要なポイントとは思う。しかし、それだけではない。赤松小三郎にとって、公議輿論（＝議会制民主主義）と人民平等の建白は、門閥の壁の前に幾度も悔しい思いを味わってきた、彼の人生の経験を通して裏打ちされた、社会的不合理に対する憤りが原点となっている。決して軍事的観点のみでたどりついた思想ではない。

宮地氏は赤松小三郎の暗殺については次のように述べる。「彼を死に追いやったのは薩摩のサムライなのか上田藩なのか、これは意見の分かれるところでしょう」と。宮地氏は、小三郎を用いようとせず、その身辺を気遣おうともしなかった「上田藩」の守旧さが、小三郎を死に追いやった主因と考えておられるようである。武力討幕に決した薩摩の内在的な論理からすれば、小三郎暗殺もやむを得なかったのだと、暗に薩摩の行為に理解を示している様子ですらある。

確かに、松平忠固亡き後の「上田藩」首脳部の愚かさは目を覆うばかりである。「上田藩」が、小三郎の開成所教授就任を認めていれば、悲劇も発生しなかっただろう。しかし「上田藩」の固陋さは、小三郎を死に追いやった間接的要因ではあっても、主因ではもちろんない。一番悪いのは、もちろん殺した人々である。直接手を下したわけでもない「上田藩」が、「守ろうとしなかった」という理屈で非難される一方で、当の殺人者たちが免罪されるなどという論理はメチャクチャであろう。小三郎を死に追いやったのは、もちろん小三郎の暗殺を命じた薩摩の武力討幕派である。学者たちは、彼らを「英雄」として評価する「国民の物語」を死守したいがために、彼らの行為の闇の部分に目をつむってきたのではなかったか。

卑劣な暗殺をも正当化するような「物語」がまかり通ってしまえば、日本をふたたび亡国に導かざるを得ないと、著者は真剣に危惧する。実際、「物語」の枠組みに従って、薩摩や長州のテロ行為をも正当化し続けてきたことが、昭和になって軍部や右翼によるテロリズムの横行を生んだのではなかったか。それが太平洋戦争の亡国につながったのではなかったか。戦後においてもなお、歪んだ「明治維新の物語」が正当化され続けてきたことが、民主憲法を「押し付け」と信じ込み、立憲主義もないがしろにするという、現在の政府与党の姿勢を許すことにつながっているのではないのか。

吉田松陰の排外主義思想とそれを諫めた佐久間象山

吉田松陰と松下村塾についての研究蓄積は膨大なものになるが、「プロクルステスの寝台」の実践例の宝庫のように思える。もう少し事例を紹介しよう。

吉田松陰は、たしかに象山門下であった当時には、単純な攘夷論者・鎖国論者ではなく、西洋文明を積極的に学ばねばならないという合理的な思考をしていた。しかし密航に失敗し、萩に幽閉されてからというもの、まるで別人にでもなったかのようにエキセントリックなエスノセントリズムに感染し、勝算も合理性のかけらも何もない排外主義的な攘夷論を煽り立てるようになった。

そして遂には老中暗殺などの過激テロリズムを扇動するようになっていく。その松陰の「志」を受け継いだ弟子たちは、実際に、長井雅樂暗殺未遂、英国公使館の焼き討ち、宇野八郎、塙次郎ら多くの人々の殺害、さらには松陰の恩師である佐久間象山の暗殺、禁門の変における京都御所攻撃、下関海峡を通過する外国船への無差別砲撃……と数々のテロを実施していった。

吉田松陰は、密航に失敗して萩の野山獄に収監されると、獄中で『幽囚録』を記し、それを密かに松代で幽閉中の佐久間象山に送った。その『幽囚録』には、有名な次のような一節も記されていた。

今急に武備を修め、艦略ぼ具はり礮略ぼ足らば、則ち宜しく蝦夷を開墾して諸侯を封建し、間に乗じて加摸察加・隩都加を奪ひ、琉球に諭し、朝覲会同すること内諸侯と比しからしめ、朝鮮を責めて質を納れ貢を奉ること古の盛時の如くならしめ、北は満洲の地を割き、南は台湾・呂宋の諸島を収め、漸に進取の勢を示すべし。（「幽囚録」『吉田松陰全集』第二巻：五四～五五頁）

［現代語訳］

いま急いで軍備を固め、軍艦や大砲をほぼ備えたならば、蝦夷の地を開墾して諸大名を冊封し、隙をついてカムチャツカ、オホーツクを攻め取り、琉球も諭して内地の諸侯と同様に参勤させねばならない。また、朝鮮を責めて古来のように盛んに日本に朝貢させ（注：古来に朝鮮が日本に朝貢した事実などない）、北は満州の地を切り取り、南は台湾・ルソンの諸島をわが手に収め、漸次進出の勢いを示すべきである。

以下は、井出孫六氏の著書から知ったことである。井出氏によれば、象山は、弟子の短慮を深く憂慮し、送られてきた『幽囚録』の末尾に、次のように漢文で朱書きしていた。

（書き下し文）吾党の事はこれを天下後世の公論に付して可なり。何ぞもって意にとめおくに足らんや。今この録をみるに、まま憤恨の言あるを逸れず。少壮鋭烈の気の乗ずる所にあらざるを得んや。これ省みざるべからざるなり（井出　二〇〇〇：四頁）

［現代語訳］

私たちの（密航事件の）事は、その是非を後世・天下の判断に任せておけばよい（いずれ私たちの行ないが正しかったことは歴史が証明するだろう)。この事をくよくよ思い悩む必要はない。それよりも、この書を読むと憤怒と怨恨を連ねた言葉が多く、若者が激しい感情に流されてしまっているようだ。

　これこそ反省せねばならない。


　象山は松陰に対し、反省すべきは密航に失敗したことではなく、憤怒と怨恨の情に流された排外主義思想そのものであると戒めた。計画が挫折し、自分の人生がうまく行かないからといって排外主義に走る弟子の短慮を深く憂慮し、自省を促したのだ。象山は、侵略を受ければ自衛のために戦うという思想は持っていたが、自分勝手な理屈で近隣諸国を侵略するという、松陰の排外主義は許せなかった。

　象山が、「東洋の道徳・西洋の芸術（科学技術）」のバランスを強調したのは、西洋の科学技術は学ばねばならないが、西洋のような侵略主義に陥ってはならず、大義を重んじ、私利を戒め、弱者をいじめてはならないという孔子の教えを堅持しなければならないと考えていたからである。その考えは、同じ象山門下でも長岡の小林虎三郎や河井継之助や会津の山本覚馬などは理解していたであろうが、遺憾ながら吉田松陰には伝わらなかった。

　明治維新史研究者の間では、佐久間象山が公武合体論者であったという理由で、その思想は過少評価され、吉田松陰には及ばないとされることが多い。この評価も「討幕こそが正しい」という偏見から来ているとしか思えない。そもそも公武合体論の何が悪いのか分からない。公武合体の後、議会を開設し、憲法を制定すれば、明治維新が作った侵略主義的な復古体制などとは比べものにならぬ、理性的で公平な近代国家になったであろう。

　宮地正人氏は前掲書で、佐久間象山を「傲岸不遜」と評している。松陰のような誠実でピュアな人物であれば、侵略戦争を煽ってよいとでも言うのであろうか。松陰を持ち上げつつ象山の思想を貶めようとする歴史学者たちの偏向した評価は、他ならぬ松陰本人が真っ先に否定するはずであろう。左派の歴史学者たちが松陰の発言の都合のよい部分だけ取り出して評価しようとするのは、プロクルステスの寝台のなせる技というしかない。

松陰を助けようとした老中も切り捨てられる

宮地氏が「守旧藩」と呼ぶ信州上田の領主は松平伊賀守忠固であった。「守旧藩」を率いた松平忠固は「幕末」に二度にわたって老中を務め、日本を開国に導き、日本の主力輸出産業となる生糸産業を振興した。憂国の念に駆られ、海外渡航という国禁を犯した吉田松陰と佐久間象山を救おうと尽力もしていた政治家でもあった。

吉田松陰の下田密航事件の後、公儀の内部では、国禁を犯した松陰を死罪にという意見も多かった。国元蟄居という比較的に寛大な処置ですまそうと動いたのが、松陰と象山に深い同情を寄せていた当時の老中の松平忠優（後に改名して忠固）であった。松陰自身が、後に、その事実を忠固の家臣たちから聞き、忠固を思い慕っていた。この史実は上田市立博物館発行の『松平忠固・赤松小三郎』では紹介されているが、他の文献で目にしたことがない。

松平忠固は、嘉永七年（一八五四）の日米和親条約と、安政五年（一八五八）の日米修好通商条約という二度の条約の調印時にいずれも老中を務めた。終始一貫して開国を主張し、日米和親条約時にすでに交易通商論を唱えており、攘夷派の頭目である水戸の徳川斉昭と激しく対立していた。結局、いちどは斉昭によって失脚に追い込まれている。

日米修好通商条約の交渉時に、阿部正弘の後任の老中首座・堀田正睦（佐倉城主）は、ともに条約の締結を進めることのできる同志として、ふたたび松平忠固を老中に抜擢した。忠固は次席老中として手腕を振るうことになった。忠優という名前を忠固に変えたのはこの時である。「固」という字を用いたのは、通商条約締結に向けた不退転の決意の表われだったのだろうか。忠固は、条約交渉に際し、勅許不要論を唱え、即時条約調印を主張した。当時、老中首座の堀田正睦らは、禁裏の勅許を得ようと努力し、それが岩倉具視らの計略で失敗してしまった。これが国際情勢の全くわからぬ、不勉強きわまりない公卿や尊攘過激派を勢いづかせるきっかけにもなってしまった。それが排外主義テロリズムを生み、列強に日本への軍事介入の口実を与え、日本を危機に追い込んだのである。

その頃、吉田松陰は国元で蟄居生活をしながら松下村塾を営んでいた。そんな折の安政四年（一八五七）七月、櫻井純蔵と恒川才八郎という赤松小三郎の先輩格である二人の忠固の家来が、萩に蟄居中の松陰を訪ねてきた。櫻井と恒川は、忠固と堀田正睦が、象山と松陰の行動に共感を寄せ、同情しているという事実を伝えた。松陰は感激し、象山を赦免しその知恵を用いることがいかに国のためになるかを櫻井と恒川に切に訴え、象山を赦免するよう忠固に伝えて欲しいと訴えている。

松陰といえば、周知のように、激烈な尊王攘夷論者として、「朝廷」の勅許を得ずに日米条約を調印した「幕府」を激しく糾弾した人物であった。勅許を得ずに条約を調印しようとしていた頭目は他ならぬ松平忠固であった。

尊攘過激派の松陰が、老中の忠固が自分たちに同情しているという事実を聞き、感激して彼を敬慕するようになるのである。松陰は、口では違勅条約と糾弾しながら、その政策を推し進めた頭目をじつは陰で尊敬し期待を寄せているという、アンビバレントな感情を抱いていた。松陰の書簡を読むと、彼の弟子たちや桂小五郎が激しく堀田正睦や松平忠固を攻撃するなか、二人をかばっている様子が窺える。松陰は、口では違勅条約を結ぶ「幕府」を批判しながら、その実、忠固の英明さに期待し、象山さえ赦免されれば展望は開けていくという希望を持っていた。

安政四年（一八五七）一〇月二九日、獄中の松陰が桂小五郎に宛てて書いた「桂小五郎に與ふる書」の一節を現代語訳して紹介したい。少し長くなるが、既存の松陰研究が全く無視している文章なので、読んでいただきたい。吉田松陰という、研究し尽くされているようにも見える人物であっても、次のような明白な事実が全くスルーされているのだ。

（前略）独り、恩師である佐久間象山先生のことを思い出すたびに、心が悶々としていてもたってもいられなくなります。（中略）

このごろ上田侯（松平忠固）が再び幕閣に入って、佐倉侯（堀田正睦）と心をあわせて政治の舵取りをしていると聞きました。二侯はわが師象山を憐れんでいるとのことです。現在、国境で争いが多く発生しているが故に、幕政は手綱を引き締めています。幕府が、わが師を憐れんでいるのは、ただ師の窮状を憐れんでいるということではなく、その才を幕政に活用しようという意図もあるのだと思います。僕の如きは、蟄居生活で多年の幽囚に及んでいる身なので、政権中枢にいる方々の大義を十分に推測することもできません。しかしながら憂国の心に貴賤の別はありません。二侯がわが師を憐れむ心と、僕が師を惜しむ心は、差異はないことでしょう。それゆえ僕は密かに、二侯に対して（象山赦免の）告訴をしようと決意しました。（中略）

上田藩士に櫻井純蔵と恒川才八郎という者がいます。彼らはもとからわが師を知り、その縁で僕とも交遊を結ぶことになりました。二人はかつてその主君（忠固）が賢明であることを僕に懸命に告げ、語り尽くしました。そのことは僕の言葉を通して理解してもらえると思います。（中略）

彼の（象山の）その主張が行われれば、すなわちその利益は天下に及び、その功名も後世に及びます。これこそ、君子たるものの気遣いでしょう。（中略）

僕が秘かに今の世を鳥瞰するに、この説（象山の説）を理解して、それを実行できるのは、二侯（忠固と正睦）を除いて他にはいません。僕が独り上田侯を思い慕うのは、櫻井と恒川の二人の言葉が脳裏から離れないからです。

あなた（桂小五郎）はもとより報国の志を抱き、またわが師の平生も知っています。（中略）どうか天下国家のため、僕の告訴を上田侯の執事（櫻井と恒川のこと）に届けてください。（後略）（『吉田松陰全集第四巻』一三八～一四〇頁）

安政四年のこの時点で、吉田松陰がいかに松平忠固と堀田正睦に期待を寄せているか明らかであろう。日本中を俯瞰しても、象山を国政に参与させてその能力を活用することができる英明な諸侯は忠固と正睦だけであると言い、象山赦免を求める告訴状を櫻井らを通して忠固に届けて欲しいと桂小五郎に訴えている。おそらく桂小五郎は、忠固など奸物であると松陰に訴えたのだろう。松陰は懸命に桂の誤解を解こうとしている様子が窺える。

なぜこの事実が無視され続けるのか？「幕閣」は、吉田松陰を処刑した「悪」でなければならず、井伊直弼によって代表されねばならない。守旧派の「幕閣」の中に、松陰を救おうとしていた人物がいるという事実は、明治維新神話にとっては不都合なのであろう。松平忠固は、禁裏の勅許を得ずに米国と条約を結ぼうとしていた急先鋒であった。松陰ら尊攘志士たちが「違勅」と呼んで非難していた天下の悪行を実行する頭目だった。違勅条約調印の頭目が松陰を救おうとし、討幕の狼煙をあげた革命家でなければならない松陰が、打倒されるべき反動政府の親玉を「思い慕う」と述べているという事実は、「明治維新の物語」の再生産にとって不都合なのであろう。

下関戦争は日本におけるアヘン戦争である

あくまで勅許を求める井伊直弼の反対を押し切って条約調印を断行したのは忠固であった。おそらく忠固は、日米条約が調印された暁には、晴れて佐久間象山も吉田松陰も赦免するつもりだったのだろう。しかし忠固にはその時間は与えられていなかった。日本全体にとって不幸なことであったが、条約調印のわずか四日後に、忠固と正睦は井伊直弼の計略によって失脚させられてしまったのだ。

松陰は激昂し、井伊と「幕府」を糾弾し、ついには忠固と正睦の後任の老中・間部詮勝の暗殺を企てる。松陰の心の底では、違勅条約よりも、むしろ忠固と正睦が失脚したことに対する憤りが強かったのではなかろうか。二人の老中の失脚は、すなわち松陰が懇願していた象山赦免の可能性が消えたことを意味したからだ。

松陰は、老中暗殺計画を企てたことが直接の原因となって処刑されるに至り、その死が後の長州の暴発へとつながってしまった。もし忠固と正睦の失脚がなかったら、「安政の大獄」もなかったし、松陰の処刑はおろか、赦免されていたであろう。その後の日本史の多くの流血の悲劇は避けられていただろう。

吉田松陰研究者の間で松平忠固の存在がいかに軽視されているかは、山口県教育会編の『吉田松陰全集』が、「上田侯」を、象山の主君である松代城主の「真田幸教」と間違えて注釈しているのを見ても分かる。真田幸教のことであれば、松陰は「松代侯」と書くはずで、「上田侯」と書くわけがない。「上田」だから「真田」とは、山口県教育会とも思えない初歩的なミスである。編者が、本当に上田侯が真田幸教のことだと解釈して読んでいたとするのであれば、ここで松陰が何を言わんとしていたのか意味不明だったはずである。

遺憾ながら松陰は、急いで条約を結ばねばならぬと考えた忠固らの、その意図を最後まで理解できなかった。忠固が条約の締結を急いだ理由は一つである。忠固らは、イギリス艦隊が日本に襲来する前に、それに比べて与しやすい交渉相手である米国とのあいだで、少しでも日本に有利な内容の最恵国条約を結んでしまい、ハリスを盾に英国との交渉も有利に進めようとしたのだ。当時、大英帝国は、破竹の勢いでアジア諸国を植民地化しつつあった。それに比べ、米国のハリスには植民地化の意図はなかったし、日本にとってははるかに穏当な交渉相手であった。

忠固からしてみれば、禁裏の勅許などもちろん不要である。外交権は日本政府たる公儀にある。禁裏が外交事案に口を出す権限など、江戸時代には存在しないのだから。老中首座・堀田正睦最大の失敗は、禁裏の勅許を得ようと工作して、それが尊攘過激派たちを勢いづかせてしまったことにあった。その失政が、外国の軍事介入を誘発し日本を動乱と内戦へと追い込んでいった。忠固の方針こそ、もっとも正しかったのだ。

公儀がハリスと結んだ条約は、関税率が二〇％と日本に有利に定められ、アヘンを貿易の禁制品目に指定するなど、日本に有利な内容であった。交渉相手がイギリスであったら、こうはいかなかっただろう。当時、不平等条約を結ばされていたインドでは関税率二・五％、清国では五％であった。日本が勝ち取った一般商品に対する関税率二〇％は至極まともな税率である。

二〇％という関税率は当時の列強諸国が互いに貿易する際に一般的にかけられていた水準の税率であって、国際水準で見て妥当なものだった。日米修好通商条約は、清が結ばされた南京条約のような次元の「不平等条約」とは言い難い。関税率二〇％であれば、国内産業を保護しつつ、政府が近代化を遂げるための財源を確保するにも十分であったはずである。またアヘンを禁制品として貿易禁止にした。輸入したくないものを輸入禁止にする権利を獲得したのも大きい。

「関税自主権がない」というのは、インドや中国のように、アヘンを含む全ての財に一律の低税率を強要されることである。これでは近代化のための財源も確保できず、自国製品はイギリス製品に全く対抗できないことになってしまう。それで工業化の芽が摘み取られてしまうのである。当時の日本の閣僚および官僚たちは、南京条約から教訓をくみ取って、清国の轍を踏まないように努力していたことが窺われる。

日米条約では二〇％という日本の工業化に有利な税率がいったんは取り決められたものの、その後に様子がおかしくなった。吉田松陰の門人である久坂玄瑞ら長州過激派が起こした下関砲台での外国船無差別砲撃という国際的に不義・無道・無法なテロ行為と、その結果として起こった下関戦争およびその敗戦の責任を取らされて、公儀は戦後賠償金の支払いを要求されることになったのだ。巧妙な外交手腕を持った英国公使パークスは、長州のテロ行為を口実に徳川政権を揺さぶり、賠償金支払い延期の代償として、関税率の引き下げを要求した。

ついに慶応二年（一八六六）、徳川政権は列強とのあいだの「改税約書」に調印させられてしまう。その中で、従価税方式で二〇％という関税率を放棄し、従量税方式で一律に五％の関税率にするという、英国公使パークスの要求を呑まされてしまったのだ。この関税率改定（「江戸協約」とも呼ばれる）について、この研究の第一人者である石井孝氏は次のように述べている。

はじめ英国が通商関係の開始にさいして日本に求めたのは、清国との関係を律するのと同じ条件であった。この条件に反して関税率が、とくに輸入税率において一般的に二〇パーセントという高率であったのは、通商条約の原型の作成者が米国の代表者ハリスだったからである。（中略）

しかしこれは、日本を資本主義製品の市場にしようとする英国にとって不満であった。いまや欧米資本主義諸国による対日外交の主導権を完全に掌握した英国は、下関における勝利の余威をかって、清国なみの税則の獲得という宿願を達成したのである。（石井 一九六六：四四八〜四四九頁）

かくして日本の貿易条件は、アヘン戦争の敗戦条約である南京条約と同じ水準になってしまった。下関戦争は、日本における「アヘン戦争」としての意味を持った戦争であった。かりに下関戦争がなく、公儀が二〇％の関税率を維持できていたら、日本はもっとすみやかに工業化していたことは間違いがない。

実際、日本は開国してから貿易黒字が基調であったが、関税率が五％に下げられた途端に赤字に転落してしまった。明治政府の国家財政に占める関税収入の割合はわずか五％ほどでしかなく、同じ時期のアメリカが国家財政の五〇％程度を関税収入に依存していたのに比べるとその差は歴然としていた。

明治の長薩政府は、関税自主権がないことによって、近代化のための財源の柱を失い、長期にわたって苦しめられる。何のことはない、自分たちのまいた種だったのである。吉田松陰門下生たちの過激攘夷論は、本人たちの意図とは裏腹に、日本の自立を遅らせる結果となった。明治政府は、その事実を隠蔽し、「不平等条約を結ばされた幕府が悪い」という「物語」をねつ造したのであった。

イギリスの工業製品に関税を賦課できなかったが故に、日本における重工業の発達は遅れ、日露戦争時においても武器も艦船もイギリスからの輸入に依存せねばならないような立ち遅れた状態のまま、イギリスの軍事産業の「お得意さま」にさせられてしまった。

日本で重化学工業が本格的に発達したのは、日露戦争後の一九一一年の関税自主権の完全回復後のことになった。この論点に関して詳しくは、手前ミソで恐縮であるが、拙著『自由貿易神話解体新書』も参照されたい（関 二〇一二）。

人斬り晋作・人斬り俊輔

人斬り晋作、人斬り俊輔、人斬り弥二郎……。吉田松陰の弟子たちは人斬りだらけであった。高杉晋作は文久二年の終わりの頃、摂津高槻の宇野八郎が「幕府密偵」という噂を信じ、伊藤俊輔（後の博文）らと共に藩邸の二階に連れ込んで刺殺している。高杉は、自分の刀をまず宇野に渡してそれを鑑定してもらい、相手を信用させた。その後おもむろに「貴方の佩刀も一つ拝見致したいもの」と言って宇野の刀を預かり、切っ先を宇野の胸先に向けたまま、刀を熟視する風を装いながら、不意にその刀で宇野を刺殺した（『伊藤公実録』一五六～一五七頁）。卑怯きわまりない殺害方法である。

『伊藤公実録』によれば、伊藤俊輔は、宇野の暗殺に先立って、国学者・塙次郎も暗殺している。その理由は、塙次郎が老中・安藤信正の依頼により「廃帝の故事」を調査したという噂話であった。安藤信正ら

3-2　高杉晋作
高杉の人斬りエピソードはなぜかあまり語られない。

は孝明天皇の廃位を目論んでいるのだという憶測が飛び、松陰の門人らは激昂した。

塙次郎が廃帝の先行事例を調べた事実があったとしても、その何が悪いのか全く分からない。しかも、「廃帝の調査」そのものも単なる虚報であった。塙はそんな調査はしていなかったのだ。しかるに久坂玄瑞らは、よく調べもせずに、「塙次郎と云ふ奴は斯やうな不敬な事を調べた奴であるから、大義に於て活かしては置けぬ、是非天誅を加えなければならぬ」と主張、それで伊藤ら数人が、何の罪もない塙次郎を暗殺してしまうのであった。

伊藤が、高杉や久坂らと共に英国公使館焼き討ちを実行したことは有名である。伊藤は他にも、外国人居留区のある横浜を焼き討ちしようと計画したこともあった。伊藤は後年、「斯んな事は其頃の朝飯前の話で、格別斯うと言ふて話す価値もない、実はソンナ事も企てたこともある、今から考えると実も種もないやうな話である」とあっけらかんと語っている（『伊藤公実録』一五五〜一六一頁）。

かりに伊藤らが「横浜焼き討ち」というテロ計画を実行していれば、阿鼻叫喚の地獄絵図が展開されただろう。どれだけの死者が発生していたかも分からなかった。これを「朝飯前」というのが、日本の初代内閣総理大臣を務めた人物の発言なのである。伊藤博文を暗殺した安重根を「テロリスト」と呼ぶ自民党の政治家たちは、その伊藤博文が何をやってきたのか、まずは知るべきであろう。

佐久間象山を暗殺した吉田松陰の弟子たち

佐久間象山の暗殺は肥後の河上彦斎単独の犯行であるかのように語られている。これもプロクルステスの寝台の実践例である。象山暗殺は長州系の尊攘志士の組織的犯行である。河上単独の犯行ではない。吉田松陰の弟子たちが、松陰の恩師である佐久間象山を殺害したのだ。この事実も、物語にとって不都合であるから語られてこなかった。

佐久間象山は、元治元年（一八六四）の禁門の変の勃発前に、長州兵が京都に向かって進撃する中、孝明天皇をテロから護るため、会津の山本覚馬や広沢安任らと図って、天皇を彦根に避難させようと計画した。当時、長州兵や諸国の浪士たちは、天王山、伏見、嵯峨などに駐屯し、いまにも戦端が開かれそうな不穏な情勢となっていた。長州は京都御所を武力攻撃して、孝明天皇を拉致しようと計画していた。いつ兵火が起こってもおかしくない状況で、孝明天皇の身の上を案じて、安全な場所に避難させようとした象山の考えは至極妥当なものであった。実際、このとき彦根に避難していたら孝明天皇はその二年後に死なずにすんだかも知れない。アーネスト・サトウは孝明天皇の崩御について次のように書いている。

3-3　伊藤俊輔（博文）
英国公使館焼き討ち、塙次郎暗殺など幾多のテロを実行した。初代内閣総理大臣となり、国民が下から憲法草案を作成するのを禁じた上で、「欽定」憲法を上から国民に押し付けた。

噂によれば、天皇は天然痘にかかって死んだということだが、数年後に、その間の消息に通じている一日本人が私に確信したところによると、毒殺されたのだという。この天皇は、外国人に対していかなる譲歩をなすことにも、断固として反対してきた。そのために、きたるべき幕府の崩壊によって、否が応でも朝廷が西洋諸国との関係に当面しなければならなくなるのを予見した一部の人々に殺されたというのだ。この保守的な天皇をもってしては、戦争をもたらす紛議以外の何ものも、おそらく期待できなかったであろう。（サトウ『一外交官の見た明治維新（上）』二三四頁）

ここでサトウが書いていることは事実であろう。この問題について本書では十分に論じる余裕はないが、著者も、孝明天皇は暗殺されたのだと考えている。もっとも、殺害の理由を「天皇の外国嫌い」に求めるのは口実であろう。殺害の真の動機は、孝明天皇が「幕府」を支持し、会津を支持し、王政復古に反対し、朝敵・長州を決して許そうとしなかったという点が大きいのであろう。

ちなみに「品川弥二郎日記」の孝明天皇崩御前後の記述は次のようになっている。

（慶応二年一二月）
二〇日　主上御疱瘡被遊候由伝聞　薩ヨリ緋絹献納致シ候由
二一日頃　新納氏東土ヨリ著
二三日　西郷氏ヲ訪フ
二五日　崩御
二八日　大久大山氏ヲ訪フ　夜御楯木戸山田留守　手紙認
二九日　石川井原清水帰国　村田伊集院西郷大坂送行
　過二七日践祚有之　今日御発表有之

孝明天皇の崩御は二九日まで極秘にされていた。ところが品川は、崩御当日の二五日にその情報を得て書きつけている。なぜ品川が二五日に「崩御」の事実を知ることができたのだろう？　明治維新の「闇」は底が知れないものがある。孝明天皇はヒ素による毒殺とする説がある。二〇日に薩より献納されたという「緋絹」がヒ素の隠語だったとしたら？

彦根城に天皇を避難させようという象山の計画が実現しなかったのは、歴史の分岐点だったかも知れない。象山の計画は長州に漏れ、象山は暗殺されてしまった。それが孝明天皇の運命も、日本の運命も大きく変えることになってしまった。

品川弥二郎は明治になってから、伝記作家の川崎紫山に象山暗殺の事実を語っている。品川らが、象山に直接会って天皇を彦根に移そうとしているという噂が本当かどうかを問いただしたところ、象山本人は天皇の安全を守るためには当然であると主張し、否定しなかった。そこで「斬るしかない」という結論になったのだという。象山も、いくらなんでも松陰の弟子たちが、自分を斬るまではしないだろうと油断していたのかも知れない。これは象山の判断が甘かった。薩摩の弟子たちを最後まで信じようとした赤松小三郎も、この点については、同様であった。

品川は、当時天王山にいて象山暗殺の報告を受けたとして次のように語っている。「其時刺客として行ったものは肥後の人で河上彦斎他二人であったと覚えているが、三条上がる木屋町に於いて象山が西洋馬具を置いた馬に乗って来る所をば、突然脚を斬った。斬られて馬から落ちた処を殺した」と。品川は、天王山にいて象山暗殺の報を聞き、その場にいた一同は「斬奸々々愉快々々」と叫んだという（宮本　一九三六：四四二～四四四頁）。

悪魔の叫びである。しかしながら、品川がそう叫んだのは天王山ではなく、三条木屋町ではないのか？天王山にいて暗殺の報告を耳で聞いただけという品川が、馬の馬具や、馬の脚を斬って象山が落馬する様子までをもかくも生々しく述懐できるだろうか？　品川の証言には、本人がその場にいて、その光景が目に焼き付いているとしか考えられない情報が含まれている。品川は最後に川崎に向かって、「実に今から追懐するとつまらぬことをやったものです」と述べている。そう、品川は現場にいて「やった」人間の一人なのだろう。

品川弥二郎という、松陰が生んだ鬼子ともいえるテロリストは、佐久間象山という巨人が日本にとってどれだけかけがえのない知性だったか、象山の死が日本にとってどれだけ大きな損失であったのかなど、認識する能力のかけらも持っていなかった。

久坂玄瑞も、象山暗殺の黒幕の一人である。防長史談会編の『忠正公勤王事績』は、長岡脱藩の長州系尊攘志士の長谷川進の日記を紹介し、その事実を裏付けている。同日記によれば、長谷川進と大楽源太郎が、佐久間象山暗殺の役を買って出たところ、久坂玄瑞は「お前達は別に用いる所があるから、ソンナ事の役目はせなくても宜しい。誰か外の壮士に命じるから」と言ったという（中原 一九一一：三八八〜三八九頁）。象山暗殺の刺客の人選を行なったのは、久坂玄瑞らであったのだ。

これまで書かれた佐久間象山の評伝の中でもっとも詳しいと思われる松本健一氏の『評伝 佐久間象山（上・下）』は、象山暗殺について次のように結論している。

品川弥二郎・山田顕義、そうして桂小五郎をはじめとして、おそらく久坂玄瑞や真木和泉といった象山の影響を大いに受けたものまでも、象山暗殺に同意するに至ったのである。（松本 二〇〇〇：三〇九頁）

生前の吉田松陰は何としても恩師・佐久間象山を救いたいと願い、行動をしていたのは先に見た通りである。しかし、久坂玄瑞や品川弥二郎など、あろうことか松陰の弟子たちが象山を暗殺するに至った。まさか松陰は、敬愛する恩師が自分の弟子たちの手にかかって殺されることになるとは夢にも思わなかったであろう。

松本健一氏の前掲書によれば、象山の暗殺団は二団から構成されていた。第一団は、よく知られる肥後の河上彦斎と、他には隠岐島出身の長州系尊攘志士・松浦虎太郎で構成されていた。第二団は、同じく長州系尊攘志士の安藤源五郎と因幡の前田伊右衛門ら（他にも複数いた可能性あり）であった。松陰門下の山田顕義（後に初代司法大臣）と品川弥二郎（後に内務大臣）も第二団に所属して暗殺現場にいた可能性がある。

象山に初太刀を浴びせたのは松浦であり、河上ではなかった。のちに桂小五郎は松浦虎太郎を「象山を斃し候人」と対馬藩の大島友之丞（映画監督・大島渚の曾祖父）に紹介している。維新三傑の桂も、暗殺団の背後にいたことは明らかなのだ。象山の正妻の順子（勝海舟の妹）は、木戸孝允（桂小五郎）主犯説を明治になっても確信していた。

象山に最初の太刀を浴びせた松浦虎太郎は後に司法官僚となり、最後には大審院判事となっている。同じく安藤源五郎も後に大審院の検事になった。長州の元勲たちにしてみれば、汚い仕事をさんざんやらせた松浦や安藤などには、高官の位を与えて厚遇せざるを得なかったのだろう。

若干一五歳で暗殺団に加わったという安藤などは、明治初めに慶応義塾の学生になり、「俺は近日参議になる」と大言壮語して、寮の相部屋の学生に「ホラ吹き」呼ばわりされていたそうだ。安藤は、自身が行なったテロリズムは、それだけの報奨をもらうに値する「仕事」であると確信していたのだろう。

品川弥二郎は明治になって内務大臣となり、一八九二年の第二回衆院選挙において警察力を動員して自由民権派を落選させようと大選挙干渉を断行し、二五人の死者と三〇〇人以上の負傷者を発生させたことでもよく知られている。その手口たるや、例えば、自由党の候補者の演説会場で暴漢がさわぎ出し、警官が突入して乱闘に発展する間に、候補者は何者かによって刺殺され、警官が調べても下手人は分からずじまい……という具合であった。警官隊がグルだから当たり前だろう。

3-4　佐久間象山暗殺の地
佐久間象山が暗殺された三条木屋町付近。象山はここで多数の長州系尊攘テロリストたちに囲まれ、斬殺された。（著者撮影）

品川は、「幕末」には反体制テロリストとして、佐久間象山や赤松小三郎の暗殺にも関与し、国家権力を握った後には警官を投入して民権派を弾圧、殺害するという国家テロを行使した。品川弥二郎が、反体制側と体制側でそれぞれ行使したテロ行為の数々に比べれば、井伊直弼の安政の大獄など、かわいいものであろう。

安政の大獄による死者は獄死六名と処刑八名あわせて一四名。江戸時代の井伊は、正式な詮議を経た上で政治犯を裁いているのに対し、明治時代の品川は、演説会場に警官隊を送り込んだ上での超法規的殺害を行なった。前者が政府による政治犯弾圧事件であったとして、後者は「国家テロ」というより他ない。反政府運動への対処の仕方一つをとっても、徳川政権に比べて長薩政権は後退してしまっているようにしか見えない。

明治の藩閥政権では、殺人犯たちが平然と総理大臣をやり、内務大臣をやり、司法大臣をやり、最高裁の判事となり、検事になった。考えるだけでもおぞましい。明治という国家はじつに狂ったものだった。吉田松陰は弟子たちに「狂人になれ」とテロを鼓舞していたが、その教育の成果として日本はテロが横行する国になったのである。

赤松小三郎の久坂玄瑞評

松陰門下の高杉晋作や久坂玄瑞は、松陰が死してのち松陰の遺言に従って、相次いで松代に蟄居中の象山を訪れ、象山の教えを受けている。久坂などは象山の砲術知識を攘夷戦争に活用しようと考え、熱心に象山を長州に招致した。ところが長州は、象山が自分たちの掌中に入らず、敵方の徳川慶喜に味方してしまったと知るや、その存在を消してしまおうと考えるようになるのである。武士道に反する卑劣なふるまいとしか言いようがない。その意味で、元治元年（一八六四）の長州による佐久間象山暗殺と慶応三年（一八六七）の薩摩による赤松小三郎暗殺は、全く同様な政治力学の中で発生した事件である。

長州は、「開国による国力の増強」という象山の思想は理解しなかったが、攘夷戦争のために象山の技術だけ借用しようとした。薩摩も、議会制民主主義と人民平等という赤松小三郎の思想を理解しなかったが、イギリス式の陸軍歩兵戦術という小三郎の技術的知識だけ借用しようとした。そのはてに、「その才能が敵方にわたるくらいなら抹殺してしまえ」という身勝手な発想に帰着するのだ。木戸、大久保、西郷という「維新三傑」は、いずれも佐久間象山暗殺ないしは赤松小三郎暗殺という犯罪に関与していると思われる。

久坂玄瑞は文久二年末から三年（一八六二〜三）にかけて、象山に会いに松代に赴いた。久坂が象山に会うと「攘夷・攘夷」と盛んに訴えた。象山は、西洋諸国と日本の科学技術と産業水準の圧倒的な開きを久坂に説明し、現時点での攘夷などおよそ無理、開国し交易を行ない国力を蓄えてこそはじめて真の攘夷が可能になるという持論を久坂に伝えた。久坂も半分は分かりかけていたらしい。

久坂が象山に言われた「開国による真の攘夷」の説を井上聞多（井上馨）に伝えると、井上は目からウロコが落ち、「わずか三日」でイギリス留学を決意し、伊藤俊輔（博文）も誘って密航した（『伊藤公正伝』）。井上は、象山に直接教わったことはないが、久坂を通して間接的に象山の教えを聞いただけで、攘夷の無理を悟り、テロリズムから決別できた。このとき、井上馨と伊藤博文がテロリズムから決別したことは、長州にとって幸運なことだった。しかるに、その井上と伊藤がイギリスから帰国した際、象山は、自分らの同志たちに暗殺され、この世にいなかった。

久坂玄瑞は、象山に会いに松代に赴いた後、その帰路に上田によって上田松平家中の桜井純造と恒川才八郎に会っている。前述のように桜井と恒川は吉田松陰の友人でもあり、松陰は、久坂に対し、象山のみならず、桜井と恒川にも会うように伝えていたのだ。あいにく赤松小三郎は上田を留守にして、久坂とは会えなかったようである。しかし小三郎は、桜井と恒川から久坂の主張を詳細に聞きつけ、江戸にいる兄にそれを報告している。

小三郎が、文久三年一月、江戸にいる兄の芦田柔太郎に、久坂の様子を報告した書簡の断片が残されている。当時、兄の柔太郎は江戸麻生の米国公使館の警護の任に就いていたので、久坂ら長州過激派の動向をとりわけ憂慮していた。一部引用する。

> 先日長州之諸生日下（久坂）玄瑞、上田一宿仕り、桜井恒川出会ひ候由、攘夷之説甚だ敷く君公も此の節ハ専ら攘夷の説之由。（中略）攘夷之説を唱へざる者をバ異勅と名づけ敵之如く……（書簡の後半部分欠損）（上田市立博物館 二〇〇〇：三六頁）

小三郎は、「久坂の攘夷の説は過激この上なく、最近では君公（将軍家茂）までが攘夷の説に感染しているご様子。攘夷論に同調しない者を『異勅』と呼んで、まるで敵のごとく……」とあきれた様子で報告している。

既存の「明治維新の物語」は、「西南雄藩」の先進性に対して、「佐幕派諸藩」は「守旧」であり、まるで遅れているように描いてきた。確かに「佐幕派諸藩」の人々は、民族排外主義を煽り、テロリズムを正当化するような思想を持っていなかった。それを「守旧」というのであろうか。

自民党と共産党と長州の遺伝子

本書の執筆時点で首相を務めている安倍晋三氏が、吉田松陰を尊敬していることは有名である。第一次安倍内閣当時の二〇〇六年一〇月二六日のメルマガで安倍氏は次のように述べている。

さて、明日10月27日は、私の郷里が生んだ偉人、尊敬する吉田松陰先生の命日です。刑死される前日、安政6年（1859年）の今日、26日、松陰先生は、徹夜で遺書といえる留魂録（りゅうこんろく）を書き上げました。

「身はたとひ　武蔵の野辺に　朽ちぬとも　留め置かまし　大和魂」

その冒頭に書かれた辞世の句、ここに込められた気概には圧倒されます。

松陰先生は、松下村塾で若者たちに、志を持たせる教育を行いました。ここから巣立った塾生たちが明治維新の原動力となったことは、みなさんもよくご存知だと思います。

その一人高杉晋作は、身分を問わずに組織した奇兵隊を立ち上げ、新しい日本への改革の動きを加速させました。士農工商の身分がはっきり分けられていた150年も前の日本にあって、出自を問わず、誰もが改革に参加できる機会を与えたことは画期的だったと思います。

ちなみに、私の名前「晋三」は、高杉晋作に由来しています。

戦後、長期にわたって日本共産党を指導してきた宮本顕治議長も、尊敬する人物は吉田松陰だった。戦後の共産党を指導してきた野坂参三、志賀義雄、宮本顕治の三名はいずれも長州人であった。宮本議長は、読売新聞の渡邉恒雄から「尊敬する人物は誰か」と訊かれた際、「吉田松陰」と答えている（大下 二〇一四）。

これは驚くべきことといえないだろうか。政治的イデオロギーは一八〇度対極にあるように見える自民党の指導者と、共産党のかつての指導者が同じ人物を尊敬しているのだ。吉田松陰には右の部分もあり、左の部分もあるから、左右の双方にファンがいる。

日本の政治運動は右も左も、ある程度、「幕末」の長州が生み出した政治運動の系譜を継承している。現在の「自共対決」という構図は、「長州右派」と「長州左派」の闘いなのかも知れない。左右が闘いを演出しながら、全体として「日本型官僚制」という明治以来の長州システムを支えているのかも知れない。長州の影響力はすごいのだ。

安倍首相が二〇一五年八月に発表した戦後七〇年談話には次のような一節がある。

植民地支配の波は、一九世紀、アジアにも押し寄せました。その危機感が、日本にとって近代化の原動力となったことは間違いありません。アジアで最初に立憲政治を打ち立て、独立を守り抜きました。

「長州右派」の歴史観においては、一九世紀の列強による侵略と植民地化の脅威を過大に評価することによって、尊王攘夷という民族排外主義運動をも、「近代化の原動力」として肯定的に捉え、欽定憲法の押し付けによる専制体制の確立も、「立憲政治の確立」として高く評価する。

「長州左派」としての講座派マルクス主義史学も、欧米列強による「外圧」を強調しすぎるあまり、明治の専制体制の確立も外圧に抗するためにはやむを得なかったと評価してきた。切迫した対外危機への対抗が明治維新という近代化の原動力になったという捉え方は、右派の皇国史観にも左派のマルクス主義史観にも双方に親和的な見方であったのだ。

しかし事実は全く違う。すでに見てきたように、徳川政権の方が列強諸国に対し主体的な外交を貫いていた。列強なみの関税率二〇%を確保し、近代化のための財源も確保しつつ、国際貿易も順調に進展させていけたはずであった。しかるに、過剰な危機感を持ちすぎた長州が通商条約を認めず、下関で無謀なテロ戦争を起こしてしまったことは、逆に列強諸国に日本に対する内政干渉の口実を与えてしまった。関税率二〇%を放棄せざるを得なくなったことは、「日本の近代化を遅らせる原動力」でしかなかった。

さらに民族排外主義者たちは、「立憲政治を打ち立てる」どころか、立憲主義を希求する人々をテロによって圧殺し、宗旨変えして列強からの支援を受けて、藩閥官僚の専制体制を構築した。立憲政治を確立したといっても、その憲法が欽定で、天皇の統帥権なるものを認めたシロモノだったから、内閣や議会の統制を無視した軍部の暴走が、「憲法」の名の下にまかり通ることになり、それが破滅へとつながっていったのだ。

戦後の歴史研究においては、皇国史観からマルクス史観へとパラダイムシフトが起こった。歴史解釈の枠組みが長州右派から長州左派に移ったのであるが、物語の基本的なストーリーは変わらなかった。学問の自由があるはずの戦後民主主義社会においても、吉田松陰の主張はプロクルステスの寝台に合うように都合よく引き伸ばされる一方で、赤松小三郎の主張は、存在そのものが無視されるか、あるいは切り刻まれて「幕府主体の改革案」と曲解されて寝台に載せられるという結果になった。赤松小三郎は、生きて中村半次郎に斬られ、死してなお、歴史学者によって切られ続けてきた。

なお著者は、自民・共産の両党に、吉田松陰的なエートスから脱却してほしい、変わってほしいと願ってこれを書いている。批判ありきではないことをご了解いただきたい。

近年においては、講座派マルクス主義の歴史研究においても、従来の歴史観の積極的な見なおしが行なわれている。

講座派の流れに属する井上勝生氏は二〇〇六年の著作において次のように述べている。

日本の開国は、比較的早く定着した。そうであれば、幕末・維新期の対外的危機の大きさを強調するこれまでの評価を大はばに見なおす必要がある。

切迫した対外危機を前提にしてしまうと、専制的な近代国家の急造すら「必至の国家的課題」だったということになる。（井上 二〇〇六：v頁）

井上氏は、対外危機を強調しすぎるあまり、明治の絶対主義体制をも「必至の国家的課題」として肯定しがちだった旧来の講座派の考え方を「大はばに見なおす必要」を論じる。また、江戸時代を、民衆が抑圧された暗黒社会であったかのように描いてきたことについても、「（江戸時代において）百姓一揆への一般百姓の参加も、事実上、公認されており、幕府や藩は、こうした農民の活発な訴えを受け入れることが多かった。江戸時代、幕府や藩の支配には、成熟した柔軟な仕組みがあった」と述べ、これまた従来の講座派史観を見なおす必要を訴えている。こうした「見なおし」の動きに期待したい。

第４章

そして圧政に至った

4-1　加藤弘之
開成所教授として文久年間から議会政治を考えていたが、明治になって転向し、民選議院設立建白書を批判する急先鋒となった。初代東大総長となり、近代日本における御用学者的人生の先例となった。

4-2　西周
赤松小三郎とともに会津洋学校の顧問を務め、小三郎の友人でもあったが、考え方は180度違った。西は、徳川から薩長へと権力に迎合し続け、山縣有朋のブレーンとして天皇の統帥権確立に尽力した。

近代官僚専制システムの歴史的起源

繰り返しになるが、赤松小三郎の構想の要点をまとめれば以下の三点となろう

(1) 天幕合体諸藩一和の下、新たな朝廷を行政府とし、立法府としての上下の議政局を設置する。下局は普通選挙、上局は旗本・公卿・諸侯の中から選挙によって選出。
(2) 議政局は立法、予算の策定、条約の締結を行ない、さらに大閣老（首相）以下の内閣閣僚および各省高官の任命権を持つ。
(3) 天皇と内閣からなる朝廷（行政府）は、議政局の決議に従って行政を執り行なう。天皇も議政局の決定に従わねばならず、拒否権はない。

後藤象二郎と小松帯刀を中心に立案された「薩土盟約」においても、法制度の一切を立案する議事堂（議会）と、政策を執行する全権を持つ朝廷（行政府）の二つの権力が分立して存在する必要性が述べられ、地球上のどこに持っていっても恥ずかしくない憲法を制定すると唱えられていた。坂本龍馬の「新政府綱領八策」も、まずは諸侯会議という公的な場において、「上下議政所」が招集され、「無窮ノ大典（＝憲法）」が制定されるという内容であった。

いずれも、近代国家の大本に議会と憲法を置く構想であった。赤松小三郎は「国本」、坂本龍馬は「無窮ノ大典」……、「国律」、薩土盟約は「国法が必要であるということが認識されていた。「憲法」という訳語もまだ定まっていない中、国の大本になる根本法が必要であるということが認識されていた。立憲主義を求める人々の熱い想いがたぎっていたのである。

ところが明治維新で実際に発生した現象はどうであったろうか？　維新後の現象を時系列に沿って並べると以下のようであった。

（1）古代の律令政治を模した祭政一致の国家神道の原理主義体制が成立。薩長土肥の維新志士たちがその能力とは無関係に藩閥人事で各省のトップに据えられ、非民主的な手法で官僚機構が誕生。維新志士たちが独断専横で法制度を整備。

（2）維新による官僚機構の誕生から一七年を経て一八八五年に内閣制度が誕生し、さらにその五年後の一八九〇年にようやく議会が招集される。

（3）欽定された憲法で、国権の最高機関は天皇であり、内閣は天皇を「輔弼」するものでしかなく、議会は天皇の立法を「協賛」するものでしかなかった。

どうしてこうなってしまったのであろうか？

薩土盟約は破棄されたが、土佐は単独で大政奉還の建白をし、徳川慶喜はそれを受け入れた。土佐の建白は、薩土盟約に沿ったものであり、「わが皇国の制度法則、一切万機、必ず京師の議政所より出づべし」と書かれていた。慶喜はこの建白を受け入れ、議政所構想に同意していた。

よって大政奉還の後、すみやかに「議政所」の開設が目指されねばならないはずであったが、実際に起こったのは王政復古のクーデターであり、流血の戊辰戦争であった。もし西郷が、公議政体の確立のために、どうしても武力で徳川を討伐せねばならないと考えていたというのであれば、戊辰戦争後にすみやかに議会政治が目指されなければならなかったはずである。ところが彼はそれをしようとしなかった。

戊辰戦争の最中の慶応四年（一八六八）閏四月に出された「政体書」は、副島種臣と福岡孝弟が起草したもので、不十分ながらも、議政官（立法）、行政官（行政）、および刑法官（司法）の三権が分立する体制が目指されていた。実際には立法と行政のあいだでの兼官が目につき、三権分立が理解されていたとは言い難かったが、欧米近代にならった政治体制の構築が目指されていた。できたばかりの「新政府」は、権力の正統性も心許なく、公議輿論を打ち出して人々の支持を取り付けようとしたのだろう。

ところが、この政体書の制度は一年あまりしか続かなかった。「新政府」が戊辰戦争によって国内の抵抗勢力を武力で鎮圧すると、「公議輿論」を忘れ去ってしまう。明治二年（一八六九）七月には新しい太政官制が導入された。これは、司法・行政・立法の三権をいずれも太政官の下に置く、権力の分立を否定する体制であり、しかも天皇家の祭祀を司る神祇官を、太政官のさらに上位に位置付ける祭政一致の国家神道原理主義体制であった。

前年の政体書では、神祇官は行政官の中の官庁の一つという位置付けだったにもかかわらず、明治二年に一挙に反動化したのである。これが廃仏毀釈につながり、日本版「文化大革命」という様相を見せ、各地で貴重な文化財が暴力的に破壊されていった。この段階で、天皇を神聖化する原理主義国家の種が撒かれてしまったのだ。その芽が後年にふくらんで、昭和の亡国につながっていく。必要性のない流血の惨事（＝戊辰戦争）を強行したことは、政権反動化の原因をつくっただけであった。

社会進歩のためには、革命的暴力が必要なのだと考えてしまいがちなマルクス史学の徒は、暴力など伴わなかった方が、よほどまともな近代国家に移行していただろうという可能性に目を閉ざしてしまうのだろうか。

公議政体派の構想では、「議会・憲法→内閣→官僚」と近代国家が整備されるはずであった。しかるに実際に起こったことは「官僚→内閣→憲法→議会」の順であった。順番が逆なのである。はじめに議会を招集し、憲法を制定し、議会の権威を背景に内閣と官僚制度が整備されるはずであったのが、はじめに官僚政治ありきと、順番が逆転してしまったのである。その結果、憲法も欽定憲法にならざるを得なくなった。内閣や議会は、維新志士による官僚独裁政治の本質を隠し、「近代」を偽装するための外皮として、後からとってつけたものになってしまった。

議会のないまま藩閥官僚たちが独走した二三年のあいだに、官僚たちの「我は国家なり」の傲慢不遜な意識が形成され、その意識が後輩たちに連綿と引き継がれて現在に至っている。後からできた内閣や国会など、各省の官僚たちは、そもそもお飾り程度にしか考えていなかった。初期条件としてそのような意識が形成されると、経路依存的にそれが継続する。結局、一五〇年経っても日本はそこから抜け出せない。

赤松小三郎の建白書から二三年の後に制定された「大日本帝国憲法」では、天皇が唯一の立法機関とされ、議会は立法を「協賛」する組織と規定された。また大臣は天皇を「輔弼」するものでしかなかった。また天皇には、議会や内閣のコントロールを受けずに陸海軍を直接指揮する「統帥権」が付与された。

小三郎の構想では、陸海軍を統括する軍務大臣も、議政局が選出することになり、軍は議政局によって統制されるはずであった。この構想に従って近代国家が始まっていたら、軍部の暴走もなかったであろうし、官僚の専横も、ここまでひどくはなっていなかったであろう。

天皇の「統帥権」とは、「天皇」を名目にしつつ、長薩の軍閥が議会と内閣の統制を離れて軍を恣意的にコントロールしようとするものであった。元勲の山縣らが生きていたころは、かろうじて人治主義的に軍を統制できていた。しかし法治主義的に軍をコントロールできないシステムであったため、昭和になって、法が軍の暴走を後押しすることになってしまったのである。

自由な空気が後退して圧政に至った

「明治維新神話」は、日本近代化の原点として「五箇条の御誓文」を置く。まるでイザナギとイザナミの国造り神話のように、五箇条の御誓文が近代日本の原点とされる。これが当時の最先端の認識であったと規定せねば「神話」は成立しないようなのだ。

それ以前に「御改正口上書」や「薩土盟約」などがあり、それが実現の一歩手前まで来ていたという事実が明らかになってしまうと、「五箇条の御誓文」は歴史の「後退」にしか見えない。明治憲法を含めた、その後のあらゆる政治的な展開は「退歩」でしかなくなってしまう。「神話」にとって、この事実は不都合なのである。

新政府は発足当初から、横井小楠暗殺、大村益次郎暗殺、広沢真臣暗殺、佐賀の乱と江藤新平の梟首、萩の乱と前原一誠の処刑、西南戦争、大久保利通暗殺……、血なまぐさい内ゲバや内戦などに終始した。まるでお家芸であるかのように、その後も、森有礼文部大臣暗殺、星亨暗殺、原敬首相暗殺、浜口雄幸首相暗殺、血盟団事件、五・一五事件、二・二六事件……、政治的目的を達するためのテロリズムが繰り返されていった。これは江戸期の平和な日本社会には見られなかった特質である。「幕末」にテロを繰り返して政権を奪取し、その「有効性」を実証したのは他ならぬ維新の元勲たちであったから、それも自業自得というしかないであろう。

自由民権運動の出発点となった「民撰議院設立建白書」が提出された一八七四年の段階では、まだ天皇を神格化するような空気はなかった。「民撰議院設立建白書」には、人民が自ら選出する議院を立て、「天下の公論」を張ることによって、天皇と人民は相愛できると述べられている。そのときはまだ天皇に対する親しみの情が残っており、絶対的権力で人々を威圧し、委縮させる存在とはなっていなかった。

「民撰議院設立建白書」を提出したのは、いわゆる「征韓論争」に破れて下野した前参議の板垣退助、後藤象二郎、副島種臣、江藤新平の四名と、起草者である古沢滋と、小室信夫、由利公正、岡本健三郎の合計八名であった。後藤象二郎は、薩摩の小松帯刀と組んで薩土盟約をまとめ、さらに大政奉還建白書をまとめた当事者であり、慶応年間から「民撰議院」による議会政治を提唱していた。「民撰議院設立建白書」は、後藤の「幕末」のころからの主張の繰り返しにすぎず、真新しいものでもない。薩土盟約が反故にされることがなかったら明治初年から実現していたはずの内容であったのだ。

「民撰議院設立建白書」が新しい提案であったかのように教えている歴史教科書の記述に問題がある。明治維新による「文明開化」で、自由民権思想も新しく芽生えたかのような物語はフィクションであり、実際には慶応年間に芽生えた立憲主義を引き継ぐ構想であったのだ。しかし、後述するように、自由民権派の主張は、慶応年間の主張よりも、天皇の権限について決定的に後退していくのである。

加藤弘之の転向

本書の冒頭で紹介したように、正式の提案には至らなかったものの、文久元年（一八六一）に、いち早く憲法と議会の必要性を考えていたのは開成所教授の加藤弘之であった。明治になって加藤は、森有礼、福沢諭吉、西周、津田真道らと「明六社」を結成し、『明六雑誌』を発行した一人としても知られている。ところが加藤は、不可思議なことに、一八七四年に「民撰議院設立建白書」が提出されるや、議会開設が時期尚早であるとして反対の論陣を張り、議会開設反対の急先鋒になったのである。

加藤弘之は、天保七年（一八三六）出石生まれ。一六歳から江戸に出て佐久間象山に砲術を、大木仲益に蘭学を学んだ。二四歳から「蕃書調所（東京大学の前身）」の教官に抜擢された。明治維新以降は文部大丞（今でいう局長に相当）などを務め、さらに初代の東大総長（綜理）となった。晩年は元老院議官、貴族院議員、枢密顧問官などを歴任した。

東京大学総長を務めた加藤弘之の「転向」に関しては、すでに多くの人々が論じているので、ここでは必要最小限の記述に留めたい。詳細は、例えば立花隆氏の『天皇と東大』などの良書があるので参照されたい。

（1）一回目の転向

「幕末」から憲法と議会の必要性を説いていた加藤が、一八七四年に「民撰議院設立建白書」が提出された段階で、議会開設と憲法制定を「時期尚早」として否定する側に回った。これは一回目の転向と言うべきものである。強制されたわけではなく、加藤本人が考えを変えたことによる自発的な転向であった。「民撰議院設立建白書」が訴えたことは何か。明治政府は、薩長の藩閥官僚が独断専横で物事を決定していく「有司専制」体制であり、その弊害が甚だしい。弊害を除去するためには、民衆を政治参加させ、議会を開設するのが唯一の方法であるという主張であった。それに対して加藤は、一部の士族を除けば、農民・商人などは教育が足らず「無智不学」であり、そのような「未開人」たちを政治に参加させたところで愚論が百出するだけで、有害無益であると断じたのである。「幕末」における彼の主張はいったいどこへ行ってしまったのかと思える内容であった。

そもそも後藤以下、「民撰議院設立建白書」の提出者たちはそのような批判がくることは先刻承知だった。人民が不学であったとして、それは政治参加の権利が与えられていないためであり、この権利さえ手にすれば人々は政治を自分たちの問題として認識し、積極的に参加し、知識と意欲を高めるよう成長していくとあらかじめ主張していた。

加藤の転向の背後には、加藤が「有司専制」の官僚機構の一員となり、そのメリットを享受していたという背景が大きいと思われる。明治維新後、彼は新政府の文部大丞を務め、江藤新平を文部大輔に据えて、日本の大学教育から儒学者・国学者たちを遠ざけ、洋学中心の体系に作り変えるという大改革を実施していた。加藤は、有司専制でことを進める政府官僚の一員となり、その実践経験を通して、「専制」で事を進めるのが自分たちの理想を迅速に遂げる上で有益であると信じ込むようになっていたのであろう。

加藤が、自分の思うような教育改革をすることができたのは、当時の政府首脳の中では、相対的にもっとも開明的な人物であった肥前の江藤新平を上司に据えることができたからという理由も大きいだろう。しかるに、かつての上司であった江藤新平が下野し、「民撰議院設立建白書」に名を連ねると、加藤は、江藤らの主張に猛然と反論したのだった。

（2）二回目の転向

加藤弘之の二回目の転向は、本居宣長や平田篤胤の国学思想を痛烈に批判した自著の『国体新論』（一八七五年）を、政府の圧力によって、自己批判の上で自ら絶版にしてしまったことであった。一八八一年のことである。

選ばれたエリートがトップダウンで政策を決定していく専制システムを肯定する立場に自ら転じた加藤は、他方では「文明人」としての上から目線で、固陋な国学者たちを痛烈に批判する著作『国体新論』を世に問うていた。「民撰議院設立建白書」を批判した翌年の一八七五年のことである。

加藤は、同書の中で、国学者たちの主張、すなわち日本の国土は全て天皇家の私物であり、人民はすべて天皇の臣僕であることが「国体」であって、それが万国に日本が卓越する所以などというのは「妄説」であると笑い飛ばし、このような「野鄙陋劣（やひろうれつ）なる国体の国に生まれたる人民こそ実に不幸の最上」と国学者たちを断罪した。

加藤は、そう思うのであれば、なおのこと有司専制主義を否定しなければいけないはずであった。加藤が「有司専制」を是とし、国家と自分を一体化させた時点で、この「野鄙陋劣（やひろうれつ）なる国体」の側に取り込まれてしまっていたからである。

二回目の転向は強要されたものであったが、それは一回目の転向から必然づけられていた。すなわち、藩閥官僚が専制権力をふるうことを可能にするためには、「野鄙陋劣なる国体」でもって国民を洗脳してしまい、それに抵抗できない空気をつくってしまうのが万事において好都合だからである。

この頃から「国体」批判がタブー視される雰囲気が急速に醸成されていった。一八八〇年には「不敬罪」が定められた。新聞が「天皇家もまた、最初はただの一豪族である」と書いただけで禁固刑に処されるといった具合であった。歴史的な事実を述べただけでも罪に問われたのでは、もはや何も言うことはできまい。それから七〇年後の日本人は、まさに加藤の言う通り、「野鄙陋劣なる国体」を戴いたことが、「人民の不幸の最上」をもたらすことを、身をもって知ることになったのだ。

西周と軍人勅諭

加藤弘之の蕃書調所時代の同僚の西周（西周助）の身の処し方については、「転向」という言葉を使うのも妥当でないだろう。鵺（ぬえ）のように権力に迎合する、そういう人間であったというより他ない。第1章で述べた通り、西周は赤松小三郎と共に、山本覚馬の依頼で会津洋学校の顧問を務め、互いに友人であった。西周が徳川慶喜の側近時代の慶応三年一一月に提案した「議題草案」は、徳川家が世襲で大君職に就き、司法・行政・立法の三権の長に立つという、「大君専制」ともいえる憲法構想であった。慶喜を絶対君主とする上からの近代化構想であり、西の友人であったはずの赤松小三郎の思想とは雲泥の差があった。

西は強力なリーダーによるトップダウン型の政治でないと国はまとまらないと考えた。赤松はといえば、個人に権力を集中させることこそ亡国のもとであるとし輿論政治を訴え続けた。西と赤松のあいだにある根底的思想の差異が、西の大君制国家と赤松の議会制民主主義という憲法構想の差異として表われたのだろう。

西は維新後、加藤弘之や福沢諭吉と共に明六社の中心メンバーとなる。『明六雑誌』の第一号（一八七三年）の巻頭論文を執筆したのは他ならぬ西であった。西は、その中で「彼の文明を羨み、我が不開化を嘆じ、はてはては、人民の愚いかんともするなし……」と述べる。彼は、自らの選民意識と、民衆蔑視の思想を隠そうともせず、西洋の文明を羨み、日本が「不開化」であると嘆じて、「日本人民の愚かさはどうにもならない」という心情を吐露するのである。身分の低い者こそ努力を惜しまず、それゆえ有用な人材が出るとして、人民の賢明さを信じ、身分制度の打破を訴え続けた赤松小三郎とは真逆の思想である。

かつて徳川慶喜の提灯持ちになって世襲大君制を主張した西周は、一八七〇年から明治政府に出仕し、兵部省・陸軍省の官僚となり、長州閥・山縣有朋のブレーンとして、一八八二年には「軍人勅諭」を起草した。軍人勅諭は、「我国の軍隊は世々天皇の統率し給ふ所にそある」「朕は汝等軍人の大元帥なるそ」と、日本の軍隊は大元帥である天皇が直接統率するものであることを規定した。これが明治憲法において、天皇の統帥権として明文化されることになったのである。

昭和に入ると、戦争を抑止しようとするあらゆる努力が「統帥権干犯」の名の下に圧殺され、軍部の暴走に歯止めがかからなくなった。これは異論の余地のないところであろう。軍人勅諭には次のような一節もある。「忠節を守り　義は山嶽よりも重く　死は鴻毛よりも軽しと覚悟せよ」と。軍人の命は「鳥の羽より軽い」というのである。もし赤松小三郎が生きて近代日本陸海軍の建設に携わっていたら、かくも人命軽視甚だしい、愚かな軍隊組織には決してならなかったであろう。

赤松小三郎が「御改正口上書」で唱えた常備軍の兵力は陸軍二万八〇〇〇人、海軍三〇〇〇人の合計三万一〇〇〇人であった。対する西周は、一八八一年の「兵賦論」で、例外を認めず徴兵制を厳格化し、常備軍三〇万の軍隊を創出すべきと訴えた。当時の徴兵制は、長男、一人っ子、代人料を支払った者、役人や官立学校の学生などは兵役を免除される緩やかなものであった。しかるに西は、そうした例外規定を廃止して日本男子は全員徴兵対象にしようと提案した。本当にそれを実施していれば、日本の経済活動や学術研究などに与える損失は計り知れないものがあったろう。むしろ日本の国力を損うだけである。これが「啓蒙主義者」のすべき主張であろうか。

西周は陸軍省の役人として、日本の財政規模も顧みることなく、際限のない軍備拡張を要求した。省益の拡大を最優先に考えた結果であろう。赤松小三郎は、自らが軍事の専門家であるにもかかわらず、自分の専門分野に利権誘導するような主張は全くしていない。すなわち、教育と産業の振興こそが喫緊の課題であり、軍には多額の予算を投じられないと、必要最小限の軍隊の創出を訴えた。両者の思想の差は歴然としている。

人民を文明に導く啓蒙家であったはずの西が、軍部の暴走の原因をつくった天皇の統帥権の制度化に加担し、際限のない軍事支出の拡大を要求し、亡国の種を撒いた。西のやったことは、実際には権力を行使して、人民を「非文明化」することだった。「日本は非文明。西洋が羨ましい、日本の人民は愚か」とボヤきながら、徳川から長州陸軍閥へと時の権力に迎合し続け、それに応じて主張もコロコロと変えた。「愚か」というその言葉、自分自身にこそ向けられるべきであろう。

高禄の人間は堕落するという赤松小三郎の主張は、まさに加藤や西の人生がその正しさを裏付けているといえよう。体制に迎合して無節操に主張を変える加藤弘之や西周のような知識人の身の処し方は、日本の学者の一つの典型となり、後を継ぐ者が続出した。政権内での地位の上昇とともに、学者としては死んでいくという、「御用学者」としての生き方の先例となったのである。

森鷗外と日露戦争の脚気惨害

津和野出身の西周の親戚に文豪の森鷗外がいる。本名を森林太郎といい、陸軍の軍医であった。西は親戚の森鷗外を山縣有朋に紹介し、森は長州閥の力を背景として順調に出世していく。森鷗外も、「軍人の命は鳥の羽よりも軽い」という西の思想を共有していた。森は、日露戦争の際、陸軍軍医部長を務め、脚気惨害ともいわれる大量の脚気死者を出す原因をつくった。今日にも引き続く、日本の官僚制度が抱える一つの典型的な病理なので、ここに紹介したい。この問題は、科学史家の板倉聖宣氏の『模倣の時代』に詳しい。以下、板倉氏の研究に依拠して陸軍の脚気問題を紹介したい。

脚気の原因は、白米食によるビタミンB1欠乏症であるが、当時はまだ解明されていなかった。しかしながら、玄米や麦飯を食べていれば脚気は治ることが広く知られており、合理主義的な海軍では高木兼寛らの献策を聞き入れ、早くから脚気撲滅のために兵食を改善。洋食や麦飯を導入したところ脚気被害はなくなった。日清戦争においては、兵食改善していた海軍で脚気死者はゼロだったのに対し、白米主義に固執した陸軍では、脚気の死亡者は四〇六四人と、戦死者九七七人の四倍強の犠牲を脚気で出したのである。

海軍で兵食改善の効果が実験的に明らかになっているにもかかわらず、陸軍軍医部長だった森鷗外は、疫学的根拠に基づく海軍の兵食改革を科学的ではないと決めつけて、その後も白米主義に固執し、軍人の脚気死者を増やしていった。

一九〇八年当時の雑誌『医海時報』の調査によれば、日露戦争において、陸軍の戦病死者三万七二〇〇余人中、脚気による死者は二万七八〇〇余人であった。戦病死者に占める脚気死者の割合は七五％であった。戦闘での陸軍の戦死者総数は四万六四〇〇人であったから、いかに脚気の被害が大きかったか分かるであろう。戦死者にしても、脚気に罹患して歩行困難になった兵士たちに、長州の乃木希典などが無謀なバンザイ突撃を強要したため、いたずらに死者が増えていったのである。ちなみに兵食を改善していた海軍では、日露戦争時の脚気死者は三名であった。

森としては、科学的根拠の不確かな海軍の兵食改善を受け入れるのは、自身のプライドが許さなかったのかも知れない。しかし、これはプライドの問題ではない。人命を最優先に考えれば、あらゆる可能性を試してみるのが医者としての、あまりにも当然の務めである。森は科学者以前に、まず医者として完全に失格であった。森も、「軍人の命は鳥の羽より軽い」と考える、山縣有朋や西周の思想を共有していたのだ。

日露戦争後、陸軍における脚気惨害の真相を追及する声が国会であがり、陸軍省も脚気の原因を究明するため「臨時脚気病調査会」を組織せざるを得なくなる。しかし、あろうことか、第三者の立場で脚気被害の原因を究明しなければならないはずの委員会の委員長に就任したのは、問題を引き起こした当事者である森鷗外（当時、陸軍省医務局長）であった。これでは原因の究明などなされるわけがなかった。問題を起こした当事者であるところの森鷗外は、真相究明委員会の委員長になって問題をもみ消した。

これは「利益相反」であり、今日も引き続く構造である。福島第一原発事故後に諸外国から直ちに問題視されたのは、原子力の安全性をチェックするべき原子力安全保安院が、原子力を推進する主体である経済産業省の中にあったという事実であった。推進機関の下部組織に規制機関が存在するのでは、安全審査がなおざりにされるのは当然であった。

明治維新以来の日本の政治システムにおいては、巨大な人災が発生しても、真相の究明はなされないまま、誰も責任を取らず、同じことが繰り返されていく。明治に出現したのは、責任者は切腹するという、厳格な結果責任の慣行が存在した江戸時代とは全く異なる無責任システムであった。このシステムは、やがて無責任体制をさらに肥大化させて、太平洋戦争にまで突き進み、滅亡に至った。

しかるに、戦後にあってもＧＨＱが日本の官僚機構を温存してしまったがために、その構造が再生され、霞が関の各省に引き継がれた。その巨大無責任体制によって、福島第一原発事故に行き着いたと言えるだろう。

民権派の憲法構想も天皇大権に屈していく

明治時代に民間から提起された憲法構想をいくつか紹介しよう。民権派の手による私擬憲法の中でも、天皇制の重圧がだんだん重くのしかかってくることが明瞭に読み取れる。慶応年間の憲法構想に比べ、一八八〇年代の私擬憲法案において、天皇の権限は、絶対的で神聖不可侵なものと見なければいけないような不文律によって自縛されていくのであった。もちろん個々の条文は精緻化し、詳細な規定になってはいくが、自由民権派の憲法構想は、理念的には慶応年間より後退していくのだ。

（1）宇加地新八の建言書　一八七四年八月

宇加地新八は旧米沢藩士である。宇加地は、「民撰議院設立建白書」を受けてその半年後に憲法構想を建白している。まだ私擬憲法という体裁にはなっていないものの、主権在民や女性参政権が唱えられており、西南戦争以前のこの時期にはまだ残存していた自由な空気が感じられる。この時点でまだ「憲法」という訳語は一般化していなかった。宇加地は憲法を「国律」と呼んでいる。これは赤松小三郎が用いていた表現と同じである。

宇加地は、当時の太政官（行政府）を上院とし、新たに民選議院としての下院（立法府）を創出するとしている。宇加地の「議院」とは、行政府と立法府の双方を抱合する機構であり、行政府を上院と呼び、立法府を下院と呼んでいるわけだ。実質的には民選議員による下院一院制である。

立法に関しては、下院が決議し、上院が復議し、天子が審判し、採決される。立法府の決議事項に、行政府が修正を加え、最終的に天子の審判を仰ぐことになっている。行政府が議案を修正できる点、立法府の権限は制限されている。ただし「天子の審判」に関しては、形式だけのものとされていた。宇加地は

「天子の権重大なりといえど、国人（国民）の不可とする所決してこれを行ふべからざる（天皇の権力は重大ではあるが、国民が不可と考えるところは決して行なってはならない）」としている。

さらに宇加地は、「国法は人民の議し以て定むる所にして、之を君主に委任し之を施行せしむ」とする。すなわち、法律は人民が議論して定めていくべきものであって、人民の側が、君主に委任して施行させるのだと述べる。立憲君主制ではあるが、主権在民の精神を盛り込んでいると言えるだろう。「幕末」から明治の早い時期の政体構想ほど、天皇を神聖視・絶対視しておらず、過度な権力を天皇個人に与えないような注意が喚起されている。

その宇加地案でも赤松案に比べ、選挙権の範囲については後退している。宇加地案での選挙権の範囲は、性別を問わず男女に付与されるが、納税額による制限はかけられている。選挙権があるのは「農は一〇〇石以上、商は一〇両以上の年貢（納税）を出す男女」とされた。「主権在民」といっても、宇加地案では「民」は豪農・豪商の高額納税者のみを指していた。もっとも、納税額がそれに達しなくても「県官、教師、区長」などの有識者には選挙権が与えられるとしている。

（2）五日市憲法草案　一八八一年

五日市憲法草案は、戊辰戦争に敗れた旧仙台藩士の千葉卓三郎が放浪の末に多摩の五日市に流れ住み、彼が中心になって、自由民権運動の中で発生した地元の人々が集う学習結社「五日市学芸講談会」の議論の中で、共に起草した私擬憲法である。地方の民衆が自発的に起草した憲法草案として日本の思想史に輝くものである。ちなみに旧米沢藩の宇加地新八といい、旧仙台藩の千葉卓三郎といい、いずれも戊辰戦争時、薩長から「賊軍」と規定された地域の出身者であることも注目に値する。

五日市憲法草案は、二〇一三年一〇月二〇日に美智子皇后がお誕生日談話で言及されたことによって大きく注目を集めた。改憲を掲げる第二次安倍晋三政権が発足して一年も経たない時期に、皇后は、あえて五日市憲法について言及され、次のような賛辞を送った。

地域の小学校の教員、地主や農民が、寄り合い、討議を重ねて書き上げた民間の憲法草案で、基本的人権の尊重や教育の自由の保障及び教育を受ける義務、法の下の平等、更に言論の自由、信教の自由など、二百四条が書かれており、地方自治権等についても記されています。当時これに類する民間の憲法草案が、日本各地の少なくとも四十数か所で作られていたと聞きましたが、近代日本の黎明期に生きた人々の、政治参加への強い意欲や、自国の未来にかけた熱い願いに触れ、深い感銘を覚えたことでした。

天皇と皇后は、その前年の二〇一二年一月に武蔵五日市の郷土資料館を訪れ、憲法草案作成にかんする資料をご覧になり、明治の在野の人々の中で育まれてきた、立憲主義を希求する「熱い願い」に、心を揺さぶられたという。

「五日市憲法草案」には、「基本的人権の尊重」「法の下の平等」「言論の自由」「教育の自由の保障」など人権条項に関しては、現行の日本国憲法と比べても遜色のない内容が盛り込まれていた。美智子皇后は現行憲法と同様な人権条項を持つ憲法草案が、明治の民衆の中に自発的に育っていたことを述べる中で、間接的に「現行憲法がGHQの押し付け」と主張する安倍首相の歴史観に反論されたのであろう。皇后は、大日本帝国憲法が日本における立憲主義の源流と捉える「官製の記憶」とは別の「記憶のかたち」を提示されたのだ。

五日市憲法草案の四五条には「日本国民ハ、各自ノ権利自由ヲ達ス可シ。他ヨリ妨害ス可ラズ。且国法之ヲ保護ス可シ」とある。これは現行憲法の第一三条「すべて国民は、個人として尊重される。生命、自由及び幸福追求に対する国民の権利については、公共の福祉に反しない限り、立法その他の国政の上で、最大の尊重を必要とする」とほぼ等しい内容である。

　言論の自由を規定する五日市憲法草案の第五一条は、「凡ソ日本国民ハ、法律ヲ遵守スルニ於テハ、万事ニ就キ予メ検閲ヲ受クルコトナク、自由ニ其思想、意見、論説、図絵を著述シ、之ヲ出版頒行シ、或ハ公衆ニ対シ、講談、討論、演説シ、以テ之ヲ公ニスルコトヲ得ベシ」とある。これは現行憲法の第二一条「集会、結社及び言論、出版その他一切の表現の自由は、これを保障する。検閲は、これをしてはならない。通信の秘密は、これを侵してはならない」と比べても、遜色はない。

　現在、自民党から提起されている改憲案と比較してみよう。自民党改憲案の第二一条は、言論の自由を定めた二一条に以下の項を加筆している。「前項の規定にかかわらず、公益及び公の秩序を害することを目的とした活動を行い、並びにそれを目的として結社をすることは、認められない」と。

「公の秩序を害する」という表現は、政府にとって都合の悪い言論活動一般が「害」であると解釈されかねない。権力の都合によって恣意的に解釈される危険性のある制約条項だ。法律を破らないことを唯一の制約条件とした五日市憲法草案より後退している。自民党改憲案では、言論の自由を定めた第二一条が、実質的に言論活動を弾圧するための根拠条項に変えられてしまっているのだ。このように、自民党改憲案における「基本的人権」とは、一三五年前の五日市憲法草案よりはるかに後退してしまっている。

　人権条項に関しては現行憲法に近い内容の五日市憲法草案であるが、他方で天皇大権を規定しており、天皇は議会の上位に位置付けられている。

　五日市憲法草案の第三五条には、「国帝は、国会ニ議セズ特権ヲ以テ決定シ、外国トノ諸般ノ国約ヲ為ス」とあり、国会に諮ることなく天皇が条約を締結する権利が規定されている。

　また同第三八条には「国帝ハ、国会ヨリ上奏シタル起議ヲ允否(いんぴ)ス」とある。天皇が国会の決議に対して拒否権を行使する権利である。他方で同第八六条では、国会が国帝の起議を修正する権を有すとされ、議会にも天皇の決定を修正する権利が盛り込まれている。しかし第三八条と第八六条は明らかに矛盾している。

五日市憲法草案は、国民の権利を規定した第二篇に最大の独自性があるが、第一篇の「国帝」に関しては、嚶鳴社の私擬憲法とほぼ同じ内容である。それゆえ、第一篇の天皇大権の規定と第二篇の国民の権利保障の条文のあいだには矛盾が見られる。

先進的な思想を持っていた五日市の学習結社の人々の中でさえ、明治維新から一四年が経過した一八八一年の時点で、天皇に対するタブーが形成され、天皇大権に異議を唱えられない空気が支配するようになっているのだ。

（3）植木枝盛の日本国国憲案　一八八一年

自由民権運動の中でつくられた私擬憲法の中で、土佐の植木枝盛が起草した「日本国国憲案」が、もっとも民主的な内容といわれている。しかし同時に天皇の持つ権力も強大な憲法案であった。

植木案では、日本を七〇州（旧国を基準）に分けた連邦国家とする。その第一一四条は「日本連邦ニ関スル立法ノ権ハ日本連邦人民全体ニ属ス」と定められ、立法権は日本の全人民に属するものだと明記されている。日本人は、普通選挙によって選出された一院制の「連邦立法院」を通じて立法権を行使することになる。

ただし植木の憲法案を主権在民と言ってよいのかどうかというと微妙である。何となれば、立法権は日本の全人民に属するが、行政権は「日本皇帝ニ属ス」（植木案は天皇ではなく皇帝という名称を用いている）と定められており、さらに「皇帝」は、法案への拒否権も持つのである。行政府には「主相（＝首相）」が置かれるが、立法府には、「主相」の任命権もない。さらに問題なのは、第七八条に「皇帝ハ兵馬ノ大権ヲ握ル、宣戦講和ノ機ヲ統ブ」とある点だ。明治憲法と同じく、天皇の統帥権を認めてしまっているのだ。

第九四条には「皇帝ハ立法議会ト意見ヲ異ニシテ和セザルニ当タリ、一タビ其議会ヲ解散スルコトヲ得」とあり、天皇が法案や予算案などに賛同できない場合、議会を一度に限り解散する権利が認められている。

慶応三年の赤松小三郎の案では、議院内閣制が採用され、軍は議会によって統制され、議会の立法に対して天皇は拒否権を行使できないとされていた。植木案では小三郎案に比べて、天皇の権限が肥大化しており、民権主義の観点からは、明らかに「後退」と言わざるを得ない内容である。

植木枝盛は一八九二年一月、翌月に控えた第二回の衆議院選挙に出馬しようと準備する最中、三六歳の若さで腸チフスで死亡している。当時から毒殺説がささやかれていた。国家権力が本気になってテロを行使するとき、簡単に尻尾を出すことはないだろう。当時の内務大臣は、あの品川弥二郎であった。第二回総選挙は、品川が民権派の議員たちを落選させようと大選挙干渉を断行し、二五人の死者を発生させた血に塗られた選挙でもあった。こうした事実関係を踏まえれば、植木が毒殺された可能性は否定できない。

象徴天皇制は日本の伝統

赤松案（一八六七年）→宇加地案（一八七四年）→五日市案・植木案（一八八一年）と、時代が下るにつれて、天皇の権威が次第に膨らんできて、民権派の中ですら、それに抗しえない空気が醸成されてきている様子が分かるであろう。

明治の私擬憲法の中でもっとも議会の権限の強い民主的な内容といわれる一八八一年の植木枝盛「日本国国憲案」でも、立法権こそ全人民に帰属しているものの、天皇は行政権、統帥権、法案への拒否権、議会の解散権を行使できる。天皇に対し、統帥権、拒否権、解散権のいずれの権利も認めていない赤松案と比べると、その差異は明瞭であろう。

植木の憲法案にしても、伊藤博文によって「欽定」された大日本帝国憲法にしても、これほどまでに過大な政治的権限を天皇に与えることは、完全に天皇個人の力量を超えているし、そもそも日本の伝統に反する。

明仁天皇は、現行憲法の精神である象徴天皇制は日本の歴史的伝統と合致し、天皇を主権者とする明治憲法は日本の伝統に反する憲法であったと述べている。二〇〇九年四月八日の天皇・皇后結婚五〇周年の際に天皇は、次のように述べられた。

顧みますと、私どもの結婚したころは、日本が、多大な戦禍を受け、三一〇万人の命が失われた先の戦争から、日本国憲法の下、自由と平和を大切にする国として立ち上がり、国際連合に加盟し、産業を発展させて、国民生活が向上し始めた時期でありました。（中略）なお大日本帝国憲法下の天皇の在り方と日本国憲法下の天皇の在り方を比べれば、日本国憲法下の天皇の在り方の方が天皇の長い歴史で見た場合、伝統的な天皇の在り方に沿うものと思います。

すなわち明仁天皇は、「天皇を主権者」と規定する「大日本帝国憲法」は、日本の長い歴史と伝統の中で異質なものであり、その異質な体制の下で三一〇万人もの命が失われる戦争の惨禍がもたらされたこと、「天皇を象徴」とする日本国憲法の方が、日本の歴史の中の天皇制の伝統に合致するものと認識されている。

著者も、日本において古来、天皇は象徴的な存在であり、象徴であったが故に、滅びることなく存続し得たのだと思う。専制皇帝政治の歴史が長かった中国で、革命による王朝の交代が頻繁に起こったのとは対照的である。

もちろん、日本の長い歴史の中で、天皇自身が主権者となって親政を行なった例もある。例えば天智天皇や後醍醐天皇などがそれに当たる。天皇親政を行なった天智天皇は、朝鮮半島に兵を進め、西暦六六三年の白村江の戦いで唐・新羅連合軍に敗れるに至った。天皇の死後は、国を二分した壬申の乱を誘発するなど、危うく国を亡ぼしかけた。後醍醐天皇の親政も同様である。彼は、独善的な政策決定で朝令暮改を繰り返し、武士の反発を招いて、国を二分する南北朝の争乱の原因をつくり、国を危うくした。

日本では、天皇が政治の表に立たず、摂関家や武家に政治を委任していた時代において、平和で安定していた。明治維新とは、伝統的に象徴的存在であった天皇を「主権者」に仕立て上げるクーデターであった。維新志士たちがつくった明治政府は、天皇を主権者とし、天皇に軍の統帥権を付与し、天皇の権威を前面に押し立てたが、それは動乱の時代を招来させ、やがて太平洋戦争によって亡国に至った。天智天皇や後醍醐天皇の過ちを繰り返したのだ。

第５章

長州レジームから日本を取り戻す

5-1　大村益次郎（左）と品川弥二郎（右）の銅像

靖国神社とその付近に長州人の大村益次郎と品川弥二郎の巨大な銅像がある。靖国神社境内の大村の銅像は、左手に双眼鏡を持って彰義隊の籠った上野の山を睨んでおり、同神社の長州神社としての性格をよく表わしている。「幕末」に京都御所を襲撃し、明治には内務大臣として民権派の大弾圧を行なった品川弥二郎の銅像は、皇居と靖国神社にはさまれた九段公園内にある。皇居を守護する位置に銅像として立つ資格はあるのだろうか。（著者撮影）

戦後レジーム・永続敗戦レジーム・長州レジーム

まもなく明治維新一五〇周年を迎える。安倍晋三首相は二〇一五年八月一二日、山口市内での講演において、「初代は伊藤博文、明治維新五〇年は寺内正毅、同一〇〇年は佐藤栄作」と「維新」からの節目では長州人が首相になったことを挙げ、明治維新一五〇周年も長州出身の自分が首相でいることに意欲を示した。安倍首相の政治的原点には、明治維新を成し遂げた長州への誇りがある。安倍首相の政治的な悲願は改憲である。GHQが日本の「国体」を変更し、憲法を押し付けたことによって成立した「戦後レジーム」から脱却し、「美しい国」「日本を取り戻す」ために、である。

白井聡氏は『永続敗戦論』において、戦後の日本を規定してきたレジームを「戦後レジーム」ではなく、「永続敗戦レジーム」と名付けている。すなわち、敗戦相手の米国の要求には卑屈なまでに屈従することによって権力基盤を安定化しつつ、国内的には屈従の事実を粉飾するためにも虚勢を張って、敗戦を認めることをいさぎよしとせず、対アジア関係では尊大にふるまう。これが白井氏のいう「永続敗戦レジーム」である。

安倍首相の主観の中では、「戦後レジーム」から脱却して「日本を取り戻」せば、日本は主体性を回復するはずである。しかし現実には、安倍政権が進めていく政策は、TPPであれ、集団的自衛権であれ、改憲であれ、米国への従属構造を深化させているだけであり、主権を放棄せんばかりの永続敗戦レジームの強化であった。改憲も、米国が許可する範囲でのものでしかない。「日本を取り戻す」として愛国心を煽りつつ、実際には主権放棄政策を進めるという芸当は、神技的といえよう。

白井氏によれば、永続敗戦レジームが成立したのは太平洋戦争の敗戦によってである。米国の圧倒的な軍事力の前に大日本帝国は敗北し、ポツダム宣言を受諾したが、その事実を認めたくない、あるいは宣言を読みたくないという、いさぎ悪さが生み出した「国のかたち」であったという解釈だ。

しかしながら、覇権国に従属しながら、国内では官僚たちが尊大にふるまい専制的に支配するというレジームが成立したのは、第二次大戦後のことであろうか？

日本には、太平洋戦争以前にも、世界を相手に戦争をして敗北したという経験を持つ人々がいた。他でもない、維新政府の長州の元勲たちだ。長州は下関戦争で、英仏蘭米の四か国と戦い、散々に敗北した。外では覇権国に従属しつつ、内では専制的にふるまうというレジームは、一九四五年の太平洋戦争の敗戦によって生じたものではなく、一八六四年の下関戦争の敗戦によって発生したのである。それは「長州レジーム」と呼ぶべき、明治維新以来の特質なのだ。

「長州レジーム」という用語を用いたことに対し、なぜ「薩長レジーム」ではないのかと、いぶかしがる人も多いだろう。いわゆる「明治維新」に、薩摩の役割が大きかったのは言うまでもない。しかし、一八七七年の西南戦争と翌年の大久保利通の暗殺によって薩摩の影響力は相対的に低下した。その後、大日本帝国の骨格を作ったのは伊藤博文や山縣有朋といった長州の元勲たちであった。

第二次大戦後においても、鹿児島県出身の首相が一人も出ていないのに対し、山口県からは岸信介、佐藤栄作、安倍晋三、菅直人と四人の首相を出している。岸信介元首相の岸派の流れを汲む自民党最大派閥の清和政策研究会は、色濃く吉田松陰以来の長州史観を受け継いでいる。

野党の共産党の指導者も、市川正一、野坂参三、志賀義雄、宮本顕治など歴代、長州出身者が多かった。第3章でも述べた通り、自民党の安倍晋三首相も、戦後の共産党を長く率いてきた宮本顕治議長も、尊敬する人物はともに吉田松陰である。日本の右派も左派も、「幕末長州」がつくりあげた政治運動の伝統を、それぞれの文脈において継承してきたのだ。まさに明治維新神話が、「国民共通の物語」であったことの証左といえる。

長州レジームの特質

長州レジームは以下のように成立した。長州は一八六三年、下関海峡を通過する外国商船に無差別砲撃を繰り返すという国際テロを実行し、四か国連合艦隊の報復攻撃を受けて惨敗、屈服した。まったく大義のない、恥ずべき行為であった。

下関戦争に敗北した長州は、あっというまに宗旨変えをして、攘夷から開国に転じ、昨日まで「夷敵」であったはずのイギリスに接近し、「奸賊」であったはずの薩摩とも手を組んで政権を奪取した。長薩は東北地方を蹂躙し、アジア諸国には侵略的に、日本国民にはきわめて尊大に抑圧的に振る舞い、国家神道、軍人勅諭、明治憲法などを押し付けていった。覇権国である英国には卑屈な態度をとり、英国の言いなりに、日露戦争へと突き進んでいった。根幹的なところで外国に屈従している事実を粉飾するためか、国内ではますます国粋主義を煽り続けた。

しかし排外主義の地金は消えないのか、昭和になって長州閥の外相・松岡洋右は国際連盟からの脱退を決断し、「大東亜共栄圏」のスローガンを掲げ、次の覇権国と期待したナチス・ドイツと手を組んで対米英戦争に突き進むという途を選択していった。同じく長州閥の岸信介は、東條英機内閣の商工大臣・軍需省次官（実質の軍需大臣）として米英と戦い、敗戦後はA級戦犯となって巣鴨監獄に収監された。

しかるに岸は、獄中でCIAと取引を実行して釈放され、あろうことか首相の座にまで登りつめた。ナチスの軍需大臣が戦後釈放されて首相になることなどあり得ただろうか？　このようなことを許してしまったのが、戦後の米国の対日政策の最大の瑕疵であった。それは、排外主義テロリズムを行ない続けた長州を許し、あろうことか武器まで売却して彼らを政権の座に据えたのが、「幕末」の英国の最大の瑕疵だったのと同様である。排外主義に走る人間たちはコンプレックスのかたまりであることから、うまく自尊心をくすぐれば、傀儡として御しやすいと踏んでいるのだろう。

米英と戦った戦時閣僚の岸が豹変してCIAの手先になって首相にまで登りつめたという事象は、イギリス公使館を焼き討ちし、排外主義的攘夷戦争を行なった長州がいつのまにかイギリスと手を組んで政権を奪取した歴史の再現であった。

現在、岸信介首相の岸派の流れである清和会は、自民党を乗っ取り、かつての自民党主流派と比べて、より米国への従属度を深化させながら、立憲主義をないがしろにし、日本を支配している。これが長州レジームだ。

安倍首相は、「戦後レジーム」によって日本が汚されたと悲観する必要はないのである。GHQが行なった「改革」など、明治維新がつくりあげた官尊民卑の官僚支配、覇権国の要求に従いながら、国内的には、万機公論に決しない上意下達の専制支配を行なう長州レジームに、小手先の修正を加えたにすぎなかったからだ。それほどまでに、長州の元勲たちがつくりあげた官僚支配の長州レジームは強固だった。GHQですら、それを崩せなかったという事実について、安倍首相は誇るべきであろう。全く卑下する必要はないのである。

長州生まれの新興宗教＝国家神道

安倍政権の下で、国民を改憲モードに突入させようと、目下、神社本庁や神道政治連盟の働きかけで、各地の神社の境内で改憲のための署名活動が繰り広げられている。本来の日本の神道は、自然を崇拝し、生活の安寧を願う、地域ごとに多様な信仰体系であった。地域の自然環境と人々の生活に根ざした、ゆるやかな多神教であった。特定の政治イデオロギーを国民に押し付けるための政治運動をするような教義はなかった。

ゆるやかな多神教としての日本古来の神道を、「天皇教」とでも言うべき一神教的教義に変え、日本を神聖な国家と規定し、国民を威圧し、動員し、戦死に追いやる装置に変えてしまったのが、「国家」神道であった。

「国家」神道の起源には、平田派国学、後期水戸学、津和野派国学などさまざまな流れがあるが、ここではその詳細には立ち入らない。ここで論じたいのは、「幕末」長州のテロ活動を抜きにして、明治維新後の「国家」神道の国教化はなかったという事実である。「国家」神道とは、それまでの日本の歴史にはなかった新興宗教である。

山口県の郷土史家である堀雅昭氏の『靖国誕生』は、「国家神道」の誕生のいきさつを次のように紹介する。文久三年（一八六三）七月、長州の神官である青山上総介、天野小太郎、世良孫槌ら五名（堀氏は彼らを「長州神官ファイブ」と呼ぶ）は、「神祇道建白書」を長州藩政府に提出。神仏を分離し、国家と一体になった「神祇所」の設置を訴えた。仏教を敵視し、廃仏毀釈につながる運動も提案し、「神道」を国家と一体化させた社会革命を目指した。

この革命構想が、明治維新後の明治二年には、天皇家の祭祀を司る神祇官を太政官の上に置き、立法権と行政権の分立も認めないという、祭政一致の「国家」神道の原理主義体制に帰結していくことになる。

長州の神官たちによる国家改造計画の最初の具体的な実践活動が、元治元年（一八六四）五月二五日に山口明倫館で斎行された楠公祭であった。楠公祭では、吉田松陰、村田清風、来原良蔵から、無名の庶民に至るまで一六名の長州志士たちを「招魂」した。天皇のために死にさえすれば、身分の分け隔てなく、皆が平等に招魂され、神となって祀られるという、後年の靖国神社に至る、それまでの日本には存在しなかった新興宗教の誕生であった。

堀氏の研究によれば、楠公祭は、「北朝末裔・孝明天皇の否定」を意図する「国家転覆神事だった」。すなわち「吉田松陰の遺志を継いだ楠公主義者たちは、北朝体制を根底から否定する国家改造論者になっていった」のである（堀 二〇一四：一〇三頁）。

実際、楠公祭に扇動された長州家老の福原越後や国司信濃らは、京都に進撃し、孝明天皇を拉致せんとして、京都御所を武力で襲撃し、京都を火の海にするという禁門の変を引き起こした。

この行為は、彼らの定義におけるもっとも重大な犯罪である「大逆罪」に他ならない。京都御所を襲撃して天皇を拉致しようという大逆罪を犯した人々が、天皇を神格化し、日本を「神国」と主張する。笑止千万と言うほかない。

テロの正当化から戦死の強要へ

靖国神社の前身は東京招魂社である。「招魂」という儀式は、古来、日本神道には存在しない。本来の日本の神道にあるのは、祟りをおそれる「鎮魂」だ。死んだ人間の魂を集め、神として祀るという「招魂」なる儀式は、日本の神道にはなかった。

陰陽道においては「招魂」という儀式が存在したが、それは生きている人間が衰弱した際に生気を回復させるための祈禱であり、死者に対して行なうことはタブーであった。死者の魂を招きよせるという招魂社の発想とは全く異なる。

なぜ長州で、「招魂」なる、日本の宗教的伝統と異質な儀式が発生したのかについては謎が多い。中国の道教や朝鮮の儒教には死者の魂を呼び寄せる「招魂」という儀式が存在した。長州と朝鮮は近い。長州は排外主義を唱えつつ、裏では朝鮮と活発に国禁の密貿易も行なっており、朝鮮文化の影響を強く受けていた。朝鮮儒教の「招魂」の儀式が、長州に広まった可能性があるのではないだろうか。

山口の「招魂祭」によって最初に「招魂」されて祀られた一六名は、吉田松陰や村田清風のような有名人のみならず、生野の変（生野銀山を奪おうと襲撃して失敗したテロ事件）で自刃した奇兵隊士たち、下関での外国船砲撃の際の戦死者たち、加徳丸事件の殉教者などが含まれている。

これら一六名の「英霊」の中で、通常の明治維新史ではあまり語られることのない加徳丸事件の殉教者である水井精一（上関義勇隊士）を紹介したい。この事件は、井上勝生氏の『幕末維新政治史の研究』（二〇二～二一五頁）に詳しい。井上氏の業績から、この事件のあらましを紹介させていただく。

長州攘夷派は、薩摩が「攘夷」を掲げながら外国と通商を行なっていることを断罪し（自分たちの朝鮮密貿易は棚にあげて）、元治元年（一八六四）一月、上関義勇隊の隊士五～六名が田布施別府浦に停泊していた薩摩の貿易船の加徳丸を襲撃、薩摩商人の大谷仲之進を殺害の上、積み荷を海に投棄した。

上関義勇隊の草莽の隊士である水井精一と山本誠一郎は大谷の首を大坂に梟首しようと上坂した。当時京都に潜伏していた久坂玄瑞、品川弥二郎、野村靖、時山直八らの松陰門下生たちは、薩摩を非難して大谷の首を梟首するだけでは、長州の評判が悪くなることを危惧した。実際、大谷には何の非もなく、長州のテロリズムの犠牲者でしかない。

そこで久坂らは、長州の「至誠」を見せるため、大坂で大谷の首を梟首し、その首の前で、水井と山本を自決させようとした。ところが、水井と山本に自決の意志は毛頭なかった。そもそも水井は薩摩商船の襲撃にも加わっていなかったのだ。殺されたくないと、水井が悲痛な訴えをしたためた兄宛ての手紙が残っている。

水井と山本は脱走して帰国するが、品川と野村は長州まで追跡して二人を追い詰め、大坂に連れ戻すのである。品川と野村は「藩」政府に対し、「別人成共代わりに差登候」と、二人でなければ誰でもよいからと、生贄を寄こすように要求している。長州攘夷派の「正義」を世に知らしめるための「血祭り」は誰でもよかったのである。ならば品川と野村が自決すればよいだろうに。

大坂に無理やり連れ戻された水井と山本は、品川、野村、時山ら松陰門下が回りを取り囲む中、「自決」させられた。水井は、左右の両耳から、顔面の反対側まで貫かれるほどに鋭利な刃物で突かれていた。これが吉田松陰と共に「招魂」され、「神」となった水井精一の「自決」の実態であった。

この加徳丸事件における仲間殺しの顚末は、一九七一年から七二年にかけて「革命」の大義の名の下に行なわれた連合赤軍による一二名の仲間のリンチ殺人事件を彷彿とさせるものがある。実際、通じるものがあるのだ。日本の右翼にも左翼にも見られる、政治的な目的を遂げるためには手段を選ばず、人の命を犠牲にすることも何とも思わない、その思想の起源の一つは、吉田松陰と松下村塾に求められる。

右翼の皇国史観に対し左翼の人民史観、右翼の神国思想に対し左翼の唯物論と、その思想は一八〇度違うではないかと思う方々も多いであろう。それでも共通するのは「滅私奉公」の思想である。「国体護持」のため、あるいは「人民革命」のためと、名目は異なれど、共通するのは、掲げた「大義」のためには私を滅し、「公」のために殉じることを強要する点である。イデオロギーに凝り固まって、異なる意見に不寛容であり、「敵」を倒すためにはテロ・暗殺を含む卑劣な手段も除外しない。こうした点は左右同じなのである。

勝算がなくても、玉砕してもよいからと、精神論で戦争したがるのは楠公主義者（＝松陰主義者）の特質である。それは禁門の変、下関戦争、松陰と同門の乃木希典の旅順攻撃と繰り返され、ついに太平洋戦争に帰結した。現在展開されている松陰主義者らの改憲運動を放置すれば、ふたたび私たちの生命は、野良犬のように奪われるようになるだろう。松陰主義は日本軍を非人道的に、そして弱くした。赤松小三郎門下の薩摩の将軍たちは、緻密で合理的な作戦計画を立てて戦った。もちろん、乃木のように無為無策のままバンザイ突撃を強要するようなことはなかった。しかしその後の日本軍においては松陰や乃木の精神主義が継承されていった。

長州が生んだ「招魂社」は、「共同体」の仲間たちに死を強要する装置であった。それは、江戸末期の長州過激派のような反体制原理主義テロリストの側であれば革命精神を鼓舞するために活用できるし、明治の長州閥のように国家権力を握れば国民に対して戦死を強要する装置として機能する。長州で、死を恐れぬ革命戦士を養成するための装置として生まれた招魂社が、彼らが国家権力を握った後に軍国主義的に制度化されていったのが「靖国神社」なのである。

GHQ史観と長州史観

靖国神社の問題として、戦後民主主義を体現するリベラル層は、A級戦犯の合祀問題、アジアとの和解……といったテーマを訴え続けてきた。それらが語られれば語られるほど、その反動として「先の戦争は負けていない」「アジア諸国は日本のおかげで独立できた」「アジア諸国はみな日本に感謝している」「日本はこんなにすばらしい」……といった内容の本がよく売れるようになっていった。終わりの鐘が鳴ってしまった「戦後民主主義史観」は、「靖国史観」には対抗し得なかったのだ。

戦後民主主義史観は、対米従属構造と深く結び付いていることは否めない。日本人のアイデンティティーを取り戻そうとする保守層には受け入れ難い。かつて「新しい歴史教科書をつくる会」の人々は、戦後の日本に広く浸透していた歴史観を「GHQ＝コミンテルン史観」あるいは「自虐史観」と呼び、GHQとコミンテルンが日本人に施したという「マインドコントロール」からの脱却を訴えた。「GHQ史観」と「コミンテルン史観」の内容は異なるが、それぞれの歴史観は確かにあり、一九八〇年代までの日本においては、それぞれの史観が日本人にそれなりに浸透していたのも事実であろう。そこからの脱却を訴えた彼らの主張に、歴史的意義はあったと思う。

しかし彼らは、特定の「史観」からの脱却を訴えるだけでは飽き足らなかった。彼らは「GHQ史観」「コミンテルン史観」に変わって、「靖国史観（＝長州史観）」によって、日本人をリ・マインドコントロールしようとしたのである。それはバブル経済崩壊後、自信を失っていた日本において、とくに就職氷河期に苦しみ、市場原理主義の浸透によってアトムへと分解し、漂流しがちだった若い世代がアイデンティティーを取り戻すための「核」として機能した。実際、靖国史観（＝長州史観）は、若者たちに絶大な影響を与え、支持を広げていったのであった。

長州レジームは、その実質、誰よりも米国に屈従しながら、屈服の事実を粉飾するためか、対アジア関係では尊大にふるまって、国内向けには愛国心を煽り続けた。現在、まさにその「成功」が、日本を滅亡の淵へと追い込みつつある。「コミンテルン史観」や「GHQ史観」が去った後の日本の次なる課題は、「長州史観」からの脱却であろう。

靖国神社は長州神社

長州レジームの根幹を支える宗教施設は靖国神社である。小島毅氏は『靖国史観（増補版）』の「あとがき」に次のように書いている。

> 靖国神社は、徳川政権に対する反体制テロリストたちを祭るために始まった施設なのだ。（中略）長州藩は京都御所に向かって発砲したことを謝罪したか？
> 薩摩藩は江戸市中に放火したことを謝罪したか？
> テロとの闘いを標榜する平成の首相たちは、吉田松陰を頌える前に、東京の板橋駅前にある近藤勇の鎮魂碑の前で頭を垂れるべきであろう。彼はテロリストを取り締まった特殊警察部隊の司令官だったのだ。

今や誰もが一八六七年から六八年の「革命」を肯定的に語り、かつて西軍（いわゆる官軍）と戦った奥州盛岡藩主の末裔が「英霊」たちをお祭りする責任者になったこともある。日本人は執念深くないな、とつくづく思う。

でも、だったら一人ぐらい偏屈がいてもよいのではないか。幕末のテロリスト許すまじという人間が。（小島、前掲書、二三五頁）

小島氏が二〇〇七年に『靖国史観』の初版を出版した時点で、靖国をテロリストたちを祭った神社と規定し、「幕末のテロリスト許すまじ」という声をあげることは、夜一人で歩けなくなるぐらいの覚悟が必要だっただろう。しかし、いまや小島氏のような主張への賛同者は、決して「偏屈」とは呼ばせないほどに増えつつある。こうした声をあげる人々が続いたからである。保守政治家の中からもそうした人が出た。毎年八月一五日になると欠かさず熱心に靖国神社を参拝してきた代表的国会議員の一人に亀井静香氏がいる。その亀井氏が、保守系の月刊誌である『月刊日本』の二〇一三年九月号のインタビューに答え、「靖国神社は長州神社」と発言し、A級戦犯問題などではなく、もっと根本的・本質的な点で同神社には問題があると発言した。以下、引用する。


亀井　明治維新以来の日本政治の問題点が、靖国神社の歴史に凝縮されている。

そもそも、明治四年に東京招魂社として設立されて以来、靖国神社はお国のために命を落としてきた方々の霊を慰めるための施設だ。その原点には、「五箇条の御誓文」に込められた明治維新の理念がある。それは「一君万民」、「万民平等」の理念だ。お国のために戦った人間に差別などない。

しかし実際には、靖国神社には戊辰戦争で賊軍とされた会津藩はじめ奥羽列藩同盟の人々や彰義隊、西南の役を戦った西郷隆盛などは祀られていない。勝てば官軍、負ければ賊軍だが、結果はどうであれ、どちらも国を想う尊皇の心ゆえに戦ったことに変わりはない。大御心に照らせば、敵味方に関係なく、国を想う、尊皇の心を持ち、命を落としていった人々はすべてお祀りするべきだ。

結局、靖国神社は明治新政府内の権力闘争をそのまま反映した施設になっている。つまり、官軍である長州藩中心の慰霊施設、いわば長州神社というべきものだ。大鳥居を入るとすぐに長州藩の大村益次郎像が立っているが、彼は彰義隊が立てこもった上野の山を睨みつけている。これが長州神社という性格をよく表している。

明治維新から昭和二〇年八月一五日に至る日本の近代史は、ある意味、政府内の権力闘争が明治維新当初の理念を捻じ曲げ、天皇陛下のお立場そのものさえ危機に追い詰めてしまった歴史だ。長州閥は天皇陛下を利用し、時に「玉座を胸壁とし詔勅を弾丸と」しつつ、自らの権力を拡大していき、その帰結として先の敗戦があるとも言えるのだ。


亀井発言によって目からウロコが落ちた人々は多かったようである。「靖国」の実態は日本の伝統とは異なる長州神社であったという認識が広まり、「靖国史観」がピークアウトしていく契機となった。亀井発言を受けて、インターネット上では静かに「長州神社」という呼び方が拡散され、保守層の中でも亀井氏の主張に賛同する人々が増えていった。著者もそれに倣って「長州神社」と呼びたい。

明仁天皇は、本来日本の天皇は象徴的存在で、天皇を主権者とした大日本帝国憲法は日本の伝統の中では異質なものであり、それが三一〇万人の犠牲者に帰結したという認識を示しておられる。大日本帝国憲法の時代を懐かしみ、天皇を「元首」にしようとする人々が、当の明仁天皇の護憲の意志にもっとも反する行為を行ない、天皇を苦しめている。現在の世相は、長州の過激派が、彼らの意に従わなかった孝明天皇を排除しようとした「幕末」当時の状況と重なるのである。

長州神社が問題なのは、A級戦犯の合祀問題などに矮小化できるものではない。もっと根源的な点にある。長州神社には、京都御所を襲撃した大逆罪を犯したテロリストたちは祀られているが、テロリストたちを取り締まり、孝明天皇を護ろうとした会津や新選組などの死者たちは祀られていない。孝明天皇を長州のテロから護ろうとして斬殺された佐久間象山も祀られていない。もっとも、テロリストたちと一緒に祀られなかったことは、新選組にとっても佐久間象山にとっても幸いなことであったと思う。

長州神社は、天皇のために死んでいった人間たちを祀るための施設という名目に照らして、根本的におかしいのだ。その実態は、孝明天皇を攻撃した側の人々が創建したのであり、本質的に長州のテロと戦争を称えるための施設である。明治以降は、「天皇」を名目としつつ、長州レジームのための戦死を全国民に強要する装置として機能した。その帰結が先の敗戦であった。

長州神社の問題の本質は、政治的目的を達成するためのテロリズムをも正当化し、人間の個性を否定し、南朝主義者たちが妄想の中でつくりあげた「国体」のために死ぬことを強要する、その思想そのものにある。

無念の最期を遂げられた孝明天皇は、京都御所に武力攻撃を仕掛けるという日本史上唯一無二の「大逆」行為に及んだ長州テロリストたちを祀った長州神社を、決して許さないだろう。

私事であるが、著者の母方の祖父も徴兵されて満州に送られ、ソ連軍の捕虜となってシベリアに抑留され、寒さと飢えの中で餓死している。長州神社に祀られているらしいが、分祀してほしいと心より願う。死者の魂は誰からも束縛されるべきではない、自由な存在だ。ましてや長州のテロリストたちと一緒にされたくはない。

長州神社側は、いちど合祀された「英霊」の魂は、液体のように混ざり合って融合しており、特定の個の「魂」は分祀できないと主張する。これこそ「個」を否定し、彼らがねつ造した「国体」と一体化することを強要する、松陰主義が行き着く先の思想であろう。

日本の伝統的宗教観念では、人間の魂は、死してもその個性を保ち続ける。しかるに、長州神社にあっては、「個」は他者の魂と一緒になって、液体のように融合されると主張するのである。まるでアニメの新世紀エヴァンゲリオンの「人類補完計画」のようである。気持ち悪いことこの上ない。人間たちの魂がスープのように溶け合って融合するなどという思想は、「幕末」長州で「招魂祭」なる儀式が発生するまで、日本には決して存在しなかった。多くの日本人には受け入れ難い。

もちろん中には、「靖国に入りたい」と願って戦死していった人々もいたであろう。しかし、著者の祖父のように、敗戦まぎわに家族から引き離されて補充兵として無理やり戦地に送られ、前線に放置され、餓死に追い込まれた人々は、嬉々として長州神社に入りたいなどとは願わなかったはずである。長州神社は、魂は融合などしていないから安心して希望者を分祀すべきであろう。

戦死者（＝その六割は実際には餓死者）の魂を閉じ込めて虜にし、新たな「戦死」を強要するための「装置」。それが長州神社なのだ。そのような目的のために、祖父の「魂」を利用されるのは、耐えられない。

明治維新神話が崩壊するとき

戦後の一時期、長州レジームはなりを潜めていた。政界に君臨したのは、まったくの言いがかりで薩長に「賊」と規定されて攻め滅ぼされた、越後長岡を地盤とする、田中角栄の率いる田中派であった。米国は、岸派を増長させ、田中角栄をロッキード事件で失脚に追い込むことによって、自らがつくった「戦後レジーム」を自らの手で破壊し、「長州レジーム」の復活の後押しをしたのだ。

まもなく明治維新から一五〇周年を迎える。冒頭でも述べた通り、一つのレジームは、歴史の記憶の支配と結びついて成立する。集合的な記憶が変わるとき、レジームも変わる。レジームが変われば、集合的な記憶も変わる。

ＧＨＱは、戦後世代に対し、戦前の日本が暗黒時代であったかのように記憶させ、その支配を正当化した。ＧＨＱによる記憶の支配が、揺らぎ、崩れる中、完全復活を遂げたのが長州レジームである。しかしながら、長州レジームの復活を後押ししたのは、主として日本に集団的自衛権を行使させ、さらなる従属を迫りたいという宗主国側の軍事的都合であった。ここに、長州レジームの根っからの従属性が表われているといえよう。

長州レジームの支配の源泉は、「明治維新」の「記憶の支配」にある。本質的に、それは公議輿論を踏みにじった反動クーデターであったにもかかわらず、日本人の内的な力によって成し遂げた偉大な社会変革という「記憶の操作」によってレジームを正当化してきた。

その記憶の操作によって、現行憲法を「押し付け」と称し、「日本を取り戻す」という言説も正当化されてきた。現行憲法の精神は慶応年間から提起されていたにもかかわらず、その事実は忘却されてきたからである。

近代日本の原点は明治維新にあるのではない。江戸時代の末期に提起された立憲主義にある。赤松小三郎の憲法構想に近代日本の原点を置くのであれば、それは現行憲法と全く連続性を持つことになる。「現行憲法はGHQに押し付けられた」という言説は成立しなくなる。

下から芽生え、実現一歩手前までできていた立憲主義をテロで葬り、天皇を神格化することによりモノ言えぬ雰囲気を醸成し、民衆が私擬憲法を作成することも禁じた上で、長州レジームが押し付けたのが大日本帝国憲法だった。

いまや「明治維新」が葬ってきた数多くの無念の想いを呼び起こすときである。赤松小三郎以外にも呼び覚ますべき記憶はまだまだ多い。パンドラの箱が完全に開け放たれ、記憶の操作が不可能になるとき、一五〇年の長きにわたって日本を支配してきた、官尊民卑と覇権国への従属を旨とする長州レジームに終わりの鐘が鳴るだろう。一五〇年前に葬られた、赤松小三郎ら公議政体論者たちの夢を実現せねばならない。官僚よりも議会が優越し、衆議で国事を決定していく、輿論政治の夢を。

あとがき

本書の後半は長州レジーム批判になった。この部分は、過去の私自身にも向けて書いていた側面がある。かつては、私自身も長州史観の虜だったのだ。司馬遼太郎の小説の中で、私が初めて読んだのは、たまま吉田松陰と高杉晋作の師弟を主人公にした『世に棲む日々』だった。高校一年の頃のことだったが、読了するまでに何回涙したか分からない。それからすっかり吉田松陰を尊敬するようになって、高校時代に、松陰の書いた『留魂録』や『講孟箚記』など読み漁ったものだった。

司馬遼太郎は、吉田松陰の思想をうまくオブラートに包んで、市民革命の先駆者として位置付けていた。松陰本人が書いた著作を実際に読むと、司馬の描いたイメージとはずいぶん違った。原理主義的な天皇崇拝と攘夷思想のすさまじさに、「これはついていけない」と感じる部分が大きかった。

そうであっても、公に生き公に殉じた、その生き方の純真性・行動力・感化力等は日本史的に傑出した教育者であり、明らかに歴史を動かす原動力になったと思っていた。長州が行なった数々のテロ活動も、「幕藩体制」という「旧体制」を転覆させるためには、やむを得ざる革命的暴力だと思っていた。

その評価を変えなければならないと思ったのは、近年になってからである。第一次安倍内閣が発足したとき、「戦後レジームからの脱却」というスローガンを掲げた。戦後レジームから脱却し、彼が取り戻したい「日本」とは、大日本帝国憲法が支配した時代に他ならない。

ストイックな吉田松陰を尊敬する安倍首相が、松陰の理想を実現しようと熱心に取り組めば取り組むほど、日本社会の寛容性は失われていくように思えた。安倍首相の同類であった私にはその気持ちも分かるが、危険性もまたよく分かった。江戸時代に育まれていた、大らかで寛容性の高い日本文化を否定し、硬直した専制体制を作り上げたのは長州閥ではなかったか。暴力で政権を奪取した者たちは、政権奪取後も暴力性を失わず、専制的になるものだ。それはボリシェビキと同様である。「国造り」の原罪として展開された卑劣なテロの数々は、その後の近代国家の性格も規定し続け、結局は、太平洋戦争まで続いたのではなかったか。

第一次安倍内閣は早期に退陣し、やがて政権交代が起こって、鳩山由紀夫氏が首相になった。このとき私は、覇権国への従属と官僚専制を旨とする日本の政治システムは変わるかという期待を、一瞬抱いたのであった。

当時の私は、鳩山政権が掲げた、「できるだけダムに頼らない治水」の理念に期待し、巨額な費用が必要な割に、害多く益の少ない「ダム治水」の不合理性を明らかにする研究に取り組んだ。国交省の官僚の方々とお付き合いしてみると、ダム治水の不合理性を熟知している方々は多い。彼らは優秀なのだから……。しかし組織の上の方が硬直して頑として変わらない。官僚が個々人として、「このダムは不要だろう」という考えを持っていても、組織で「やる」となったからには、もはや「個」は存在しない。鉄の団結で、外野から何と言われようとも愚かしいプロジェクトを完遂しようとする。

国交省のダム計画に挑戦しようとした国交大臣は、官僚の抵抗によって次々に変えられていった。官僚の組織的利益にあらがわない人間にしか大臣が務まらないという事実が、政権交代の失敗によっていよいよ明らかになってきたのである。

「米国」と「官僚」という二つの虎の尾を踏んだ鳩山政権は早々に退陣に追い込まれ、その後には、菅直人氏が、市民運動出身者としては戦後初めて首相に就任した。その菅氏も長州出身であり、自らの政権を戊辰戦争の惨劇を思い起こすのに十分なものであった。

襲った。偶然にしてはあまりにできすぎた歴史の悪戯という他ないだろう。奇兵隊が東北地方を蹂躙した

る闘いを早々に放棄してしまった。そして「奇兵隊内閣」の下で、東日本大震災と福島原発事故の惨劇が

誇るべき存在のようであった。しかし「奇兵隊内閣」は、鳩山内閣の理念を継承せず、官僚と米国に対す

「奇兵隊内閣」と名付けた。左派である菅直人氏の目から見ても奇兵隊は、日本の民衆運動史上において

結局、政権交代の失敗で明らかになったのは、日本は明治以来一貫して強固な官僚組織による有司専制体制であって、「民主的」な選挙で選ばれた国会議員など、官僚独裁の本質を隠蔽するためのカモフラージュとしての外皮にすぎなかったという事実である。

国土交通省をはじめ、日本の官僚組織の源流をたどれば、赤松小三郎を暗殺した黒幕の一人の大久保利通、吉田松陰門下で奇兵隊総督の山縣有朋、やはり松陰門下で佐久間象山や赤松小三郎の暗殺にも関与するなど幾多のテロ活動を繰り広げた品川弥二郎らが、その基礎を固めた旧内務省に行き当たる。「個」を否定し、「公」に殉じることを強要するのは、松陰主義の特徴である。

「個」を埋没させるのは、組織的利益を守るためであり、そのシステムは共産党の民主集中制とも通じるものがある。実際、霞が関の官僚制と日本共産党の官僚制は親和的に見える。霞が関は共産党が政権に加わるのをそれほど恐れる必要はないと思う。案外うまくやっていけるだろう。

しかし、これでは、いざ組織が誤った方向に向かったとき、修正が利かずに破局にまで至ってしまう。太平洋戦争の敗戦しかり、一九五〇年代の日本共産党の武闘路線しかり、経産省の原発推進も、国交省のダム推進もまたしかりである。

少数派の「個」の意見を尊重できる組織は、そうした暴走に至るリスクは相対的に少ない。そうした暴走傾向を持つ日本の政官の組織原理の源流を突き詰めれば、明治維新に突き当たる。「脱官僚政治」を掲

げた政権交代の挫折を目の当たりにした私は、強くそう思った。それゆえ、輿論政治を訴えた赤松小三郎の記憶を呼び覚ます必要性を強く感じるようになったのだ。

そして第二次安倍内閣が発足した。首相が「自主憲法」と誇らしげに礼賛する自民党改憲案は、日本人の自主性にはまったく依拠していない、憲法のイロハも分かっていないシロモノであった。安倍首相本人は、とっても善良で純粋な方だと思う。そして尊敬する祖父・岸信介元首相が果たせなかった「自主憲法制定」の夢を自分でかなえようと、純粋な信念で動いているのだと思う。岸元首相は良い孫に恵まれて本当に幸せだと思う。それだけに、その行動の大本にある「長州史観」の誤りを問題にする必要性は高いと思ったのだ。

思いあまった私は、「代替案のための弁証法的空間」という自分のブログ上で、「長州史観から日本を取り戻す」という連続記事の投稿を始めた。そうしたところ、じつに多くの方々がコメントを寄せて下さり、活発な議論が行なわれるようになった。本書はその議論の中から生まれたと言ってよい。本書の中でも、多くの皆様が私のブログに書き込んでくださったコメントが随所に反映されている。

一八七四年に主権在民と女性参政権を唱えた置賜の宇加地新八の憲法構想を紹介してくださったのはハンドルネーム〈りくにす〉さんであった。

ブログ「本に溺れたい」の管理人であるハンドルネーム〈renqing〉さんこと上田悟司さんは、近江聖人の中江藤樹の言葉をご教示下さり、現行憲法の人権概念は西欧思想の押し付けと主張する自民党の方々には、日本の思想史に対する根本的な無知・無理解があることを指摘された。その中江藤樹の言葉、本書でも引用させていただいた。

ハンドルネーム〈薩長公英陰謀論者〉さんは、西郷隆盛がいちどは確かに唱えていた国民議会論に対し、アーネスト・サトウがそれを「狂気」と評して否定していることなど、数多くの有益な事実関係を踏まえたコメントを下さった。

山口県の方々には申し訳ないなあと思いながら、安倍政権の暴走に抗したいという想いが勝って、長州史観批判の投稿を続けたところ、うれしいことに山口県の方からも激励のコメントをいただいた。ハンドルネーム〈長州より愛をこめて（明智）〉さんは、「アスペルガー松陰を過大評價し、二一世紀の當今でもなほ明治維新の呪縛から脱却出來ないことは、實に大多數の山口縣人の宿痾にして日本人の惡弊であり、これからも舌鋒鋭く切り込んで下さいね」とコメントして下さった。これには励まされた。

長州においても、もとから松陰主義が主流だったわけではない。長井雅樂の「航海遠略策」など開明的な政策が藩論であったが、松陰門下のテロリストたちが、長井の暗殺を試み、失脚・切腹に追い込み、ついには長州藩ごと乗っ取ってしまったのだ。彼らはテロによって長州を乗っ取り、ひいてはテロによって日本を乗っ取ったといえよう。安倍政権のやっていることもそれと似ている。明治維新の呪縛に囚われていることは「山口縣人の宿痾にして日本人の惡弊」という指摘は正鵠を得ていると思う。

ブログ上で展開された、以上のような議論の数々が本書に反映されている。この他にも、私のブログにコメントを下さったすべての方々に、この場を借りて御礼を申し上げたい。

ジャーナリストの佐々木実氏は、原稿に詳細に目を通され、数々の有益なコメントを下さった。佐々木さんの提案に従って、小三郎の生涯にかんしては大幅な加筆を行なうことができた。また、赤松小三郎建白書を憲法学的にどのように解釈するのかについては、憲法学者の小竹聡先生にさまざまな質問を行なわせていただき、数々の有益なご意見を賜ることができた。赤松小三郎についての新史料の発掘を進められてきた歴史作家の桐野作人先生は、史料にかんする私の質問にいつも快くご回答くださった。歴史的出来事の記憶のあり方をめぐる問題では、フィリピン史研究の永野善子先生より多くの教えを賜った。政治学者の田中信一郎さん、河川政策研究者の梶原健嗣さんからも貴重なアドバイスをいただいた。以上の方々に、この場を借りて深く御礼を申し上げる。

明治維新にかんする記憶の書き換えの試みは、近年各方面でなされつつあり、神話の虚構は着実に剝がれ落ちてきている。本書で赤松小三郎を取り上げたのも、そうした試みの一つと理解されたい。「明治維新」が封印したパンドラの箱の中には、まだまだ多くの「記憶」が閉じ込められている。「維新」一五〇年に向けて、封印された諸記憶が、さらに多くの人々の努力によって解き放たれることを願って、筆を擱きたい。

［三刷への追記］ 本書の三刷に際し、誤字等の訂正を行なった。また読者からの指摘で内容にかんして重大な誤りが見つかったため、この場に加筆させていただきたい。

赤松小三郎の「御改正口上書」について、越前版の内容の一部を、島津版として紹介してしまっていた。当初は越前版から引用しており、執筆途中で直筆の島津版から引用すべきと方針を変更したのだが、越前版と島津版に以下の重大な差異があるのを見落としていたのである。

小三郎の民兵制度案について、『続再夢紀事』の越前版は「乱世にハ国中之男女尽く兵に用立」とあるのに対し、島津版は「乱世ニハ国中之男子尽く兵ニ用立」となっていた。すなわち越前版は、「男女平等の民兵構想」であるのに対し、島津版は「男子のみの民兵構想」である。軍事にかんする本書の記述（八九～九〇頁）は、越前版に基づいた記述であり、島津版では違っていたことを付記したい。巻末資料は修正した。

この差異が生じた理由として、越前の『続再夢紀事』の編集者が小三郎の原本を転記ミスした可能性もある。しかし軍事にかんして「男女」を「男子」と転記ミスする可能性はあっても、その逆のミスはどうも考えにくい。小三郎は「男女」を民兵とする構想を発表後、批判などを受けたため、島津版では、「男子」と変更を余儀なくされたのではないかと、私は推測している。この問題はジェンダー論の観点でも興味深い。後続の研究に期待したい。

〔7刷への追記〕

本書出版後における赤松小三郎を取り巻く状況

出版後の反響

新聞紙上での評価

本書は、出版直後から予想以上の反響を得て、版を重ねることになった。まず『東京新聞』（二〇一六年一二月三一日付、朝刊）や『信濃毎日新聞』（二〇一六年一二月三一日付、朝刊）などが紙面で紹介して下さったのを皮切りに、江戸文化研究者の田中優子氏（法政大学総長）が『毎日新聞』連載のコラム「江戸から見ると」において、本書を「近年にない収穫だった」と評価し、「それは、日本の立憲主義の源流が存在したことである。談論によって合意形成する江戸時代の地方行政や権力を分散する方法などが欧州の政治と出会ったとき、自発的に生まれた発想であろう。現行憲法を押し付けだと言い募る前に読んで欲しい」と結んで下さった（二〇一七年一月一一日付、夕刊）。こうした反響を得て、発売から一か月で重版となった。その後、『朝日新聞』も、編集委員の国分高史氏が、コラム「政治断简」の中で「幕末に見る立憲主義の芽生え」と題し、本書を紹介している（二〇一七年二月一二日付、朝刊）。

意外なところでは、『しんぶん赤旗』が朝刊一面コラムの「潮流」で赤松小三郎と本書を取り上げ、「近年、その業績が掘り起こされ、現行憲法の理念を先取りし、立憲主義を説いた人物として光があてられています」と紹介して下さった（二〇一七年一月六日）。本書の中で、自民党のみならず共産党も批判させていただいたので、私にとっては驚きであった。

政党関係では、与党側の『公明新聞』からも反響があり、明治一五〇年に際して、私のところに書評の依頼があった。その中で、本書の紹介もかねて、明治一五〇年に出版されたいくつかの本を取り上げ、なぜ明治維新の批判本が売れているのかについて論評させていただいた

(『公明新聞』二〇一八年一二月三日付)。公明党の中にも、今のままの自民党政権に追従することへの危惧を指摘する声は大きいようであった。

インターネット・メディア

二〇一七年、インターネット・メディア『インデペンデント・ウェブ・ジャーナル(IWJ)』の岩上安身氏が、本書を高く評価して下さり、六月と七月の二度にわたって私をゲストとして招き、江戸時代に近代立憲主義の源流があったことを、進行中の改憲の動きとからめる形で、深く掘り下げて報道して下さった。それがネット上に拡散され、多くの反響を得ることになった。その年のIWJの放映した動画の中で、もっとも視聴されたコンテンツになったそうだ。

ほかにも、保守派のインターネット・メディアである「日本文化チャンネル桜」から反響があった。本書を読んだスタッフの方が、討論番組「明治維新とは何だったのか? PART2」(二〇一八年一一月三日放送)に、私を呼んで下さったのだ。吉田松陰の「草莽崛起」をスローガンとしてきた「チャンネル桜」が、私のような明治維新批判派も招いて討論番組を企画したということ自体が驚きであった。司会を務めた代表の水島総氏は、明治維新は本当に正しかったのか、水戸学思想をどう評価すればよいのか、ダメだったのではないか、などと率直に疑問を投げかけておられたのが、じつに印象的であった。長年信じてきた価値観に疑念が生じたとき、それを問い直して、再考することができるというのは、じつに勇気のあることだ。水島氏の真摯な姿勢に感銘を受けた次第である。

「明治一五〇年」の二〇一八年、安倍政権が仕掛けた明治維新礼賛の動きは完全に空振りに終わった一方で、なかんずく保守の側からも明治維新の「正統性」に疑念を投げかける動きが出てきたことは画期的なことであった。明治一五〇年は、そうした意義のある年になったのである。

テレビ・ラジオ

二〇一八年には、NHKの大河ドラマ『西郷どん』が放映された。予想通り、西郷の英雄像を築く上で、はなはだ不都合な人物である赤松小三郎は、ドラマには登場しなかった。しかし、大河ドラマ放映開始に合わせて制作されたNHKBSプレミアムの歴史番組『英雄たちの選択』で、赤松が取り上げられたのである(二〇一八年一月三日放送)。本書を読んで下さった制作スタッフが、ぜひ赤松小三郎を世に知らせたい、ということで番組の中に組み込んで下さったのだ。テレビの全国放送で赤松小三郎が紹介されたのは、これが史上初のことであった。私もインタビューを受け、番組中に登場している。

番組の中で、信州出身の歴史学者である岩下哲典氏は、「公議輿論の議会をつくりたいというのが赤松の思いだった。薩摩がその師匠をバッサリやっちゃったというのは、信州人としてちょっと許せない」と感想を述べ、司会の磯田道史氏も「今日、政治思想家が、この赤松を斬っちゃったことを、すごい惜しむんですよ。ものすごく緻密な日本における議会の作り方を、政治思想として知っていたのはこの人だった」とコメントして下さった。赤松小三郎暗殺から一五〇年を経て、ようやくその存在がタブー視されることなく、全国放送でも取り上げられるようになった。これ自体、歴史的な出来事であった。

二〇一九年秋にNHKラジオの『DJ日本史』で、「全国区にしたい・ふるさとの偉人」という特集をした際には、「赤松小三郎を推薦したい」という声が視聴者からいちばん多く寄せられたそうである。信州のみならず、鹿児島からも赤松を推す声があったと紹介され、たいへんにうれしいことであった。同番組中、番組のパーソナリティの松村邦洋氏は、「福山雅治さん主演で『小三郎伝』という大河ドラマを作ろう……」などと面白おかしく語り、たいへんに楽しい内容であった（二〇一九年一〇月二〇日放送）。

各地の反応

全国の各地から、市民の学習会・輪読会などで本書をテキストとして使っているといった声が、私の元にも寄せられている。興味をもって研究を深めて下さっている方々からの声も届く。

盛岡の元高校教員で岩手の自由民権運動を研究されてこられた大信田尚一郎氏は、「盛岡藩慶応丁卯雑記」の中から発見された、赤松の幕府宛ての「御改正口上書」をご自身で翻刻され、自費出版して下さった。大信田氏はその中で、維新後に初めて自由民権運動が発生したという定説を信じていたので、「維新前に立憲主義を語る人物などあり得ないと私は思っていました」と、その驚きを記しておられる。

本書が出版された二〇一六年時点で、赤松小三郎を知っている人など、日本人を一〇〇〇人無作為抽出しても一人も見つからないだろうと記したが、その後のこうした展開によって、二〇二〇年の今日ならば、何人かは見つかりそうである。今後、何年かかるかわからないが、坂本龍馬のように日本人なら誰でも知っているという水準にまで高めていきたい。

アカデミズムにおける赤松小三郎

アカデミズムの領域でも、赤松小三郎に対する関心は高まりつつある。英学史研究者の河元由美子氏は、二〇一八年に「幕末兵学者の英書翻訳」（『英学史研究』第五一号・二〇一八年一〇月）という研究論文を著し、赤松の訳書である『英国歩兵練法』の意義を論じている。その中で「『英国歩兵練法』は蘭書を媒介とせず直接英書から翻訳された最初の本として英学史上に位置づけられる」とし、英学研究の観点で赤松小三郎研究を深めていく必要性を論じている。また同論文では、赤松との共訳者である加賀前田家の家臣・浅津富之助についても研究を進められている。

幕末における「共和」概念や議会論の導入・普及の過程などを研究している洋学史学会の若手研究者の橋本真吾氏（東京工業大学大学院）は、二〇一八年三月三日の洋学史学会の例会で「『議会制』議論と軍事――上田藩士・赤松小三郎の洋学」というタイトルで発表を行なっている。兵学者である赤松が、議会制を提案することになった必然性を論じたもので、学会レベルでは確実に赤松小三郎の存在が研究対象の俎上に載ってきたようである。洋学史研究者のあいだでも赤松への関心が高まっているようであり、今後の研究の深化に期待したい。

日本銃砲史学会からも、私のところに講演依頼があった。同学会でも、これまで赤松小三郎の存在は知られてはいたが、実態がよくわからず研究されてこなかった人物であったということだった。しかしながら、軍学者としての赤松の業績は、私も研究不足であり、本書でもほとんど言及していない。「そもそも銃のことは私にはわからないので無理です。赤松と銃については、是非、銃砲史学会の会員の方に研究をお願いしたい」と、一度お断わりしたのであるが、「今後の研究のきっかけのためにも、必ずしも銃と関連せずともよいから是非に」と請われ、二〇一九年一二月一四日に報告を行なった。銃砲史学会で銃のことに言及しないわけにはいかないだろうと思って調べ始めたら、これまで知られていなかった赤松の長崎での最初の訳書『新銃射放論』のオランダ語の原書などが見つかり、赤松が長崎滞在中に銃の研究にのめり込んだ理由など、いろいろなことがわかってきた。その研究成果は、二〇二〇年度中に「赤松小三郎と銃」というタイトルで『銃砲史研究』に掲載される予定である。

出版後に判明したこと

薩摩の将軍たちのエピソードの出所

本書の中で、詳細は不明としつつ、出版後に判明してきた事実について、いくつか述べておきたい。まず本書で紹介したエピソードで、日露戦争から凱旋した、野津道貫、東郷平八郎、川村景明、黒木為楨らが、郷里の鹿児島で語り合い、「薩人が国家の要路に在って、断然雄視し得たるも、又今日我々が露国を撃攘して、故山に錦繍を飾り得たのも、思へば赤松先生の薫陶の賜物」と述べて、赤松の遺徳を偲んだというものがあった。

これは戦前に発行されていた雑誌『伝記』（一九三五年五月号）の「幕末の先覚者　赤松小三郎」に紹介されていたものである。その記事の執筆者・千野紫々男氏が、誰から聞いて、どれほど確かな情報なのかは、詳細が不明であった。

本書出版後の二〇一七年七月、上田市在住の山浦正嗣氏が『赤松小三郎の「薩摩塾」』という冊子を自費出版された。その中で、山浦氏は、このエピソードの元になる資料を紹介されていた。その資料は、松澤修一郎著「天山師と小三郎先生」（一九三二年）というガリ版印刷された希少な資料であった。千野紫々男氏は、松澤氏から聞き取りをしたうえで、『伝記』にこのエピソードを紹介していたのであった。

赤松小三郎研究会の現会長である滝澤進氏が、山浦氏を訪れ、許可を取って山浦氏所有のガリ版の資料をコピーし、二〇一七年一二月一九日の赤松小三郎研究会で、その内容を報告して下さった。それによれば、信州の教育家・松澤修一郎氏が、昭和七年に鹿児島に出張した折り、鹿児島市史談会副会長の池田米男氏と会談する機会を得た。松澤氏は「鹿児島が明治維新以来多くの人傑を世に輩出したるその原動力は那辺にあるか」と質問したところ、池田氏は遠方からの客人へのリップサービスもあったのかもしれないが、「その所以は貴下が国信州の恩恵に依らずんばあらず」と述べ、鹿児島に恩恵を与えた信州人として、江戸中期の高遠藩の砲術家・坂本天山と、上田藩の赤松小三郎の名を挙げたというのである。松澤氏は、池田氏の話を詳細に聞き取り、ガリ版印刷して関係者に配布していたのであった。ちなみに坂本天山は、一七九七年（寛政九年）に九州へ赴き、平戸藩の知遇を得て砲術を教えたという人物である。天山流砲術が、平戸から薩摩にも伝わり、その技術が薩英戦争時に役立ったという。

池田米男氏は、『南洲先生新逸話集』（鹿児島新聞社、一九三七年）などの著書もあり、さまざまな人間の逸話を関係者から収集して歩いた実証的な郷土史研究者としても活躍された人物である。池田氏が語った内容は、基本的に信頼できるものと思われる。池田米男氏は、赤松の門人で「後年に名を成したる者」として、野津鎮雄、野津道貫、井上良馨、伊藤祐亨、川村景明、東郷平八郎、黒木為楨、上村彦之丞、伊集院五郎などの名をあげ、日露戦争からの凱旋時の先述のエピソードを語っている。池田氏によれば、将軍たちはその場で、「先生を想ふの余り、墓参を兼ねてその後裔を訪ねることに一決」したというのである。

上田において、伊藤祐亨、上村彦之丞、東郷平八郎の三将軍が日露戦争後にやって来たのは、あくまでも善光寺で行なわれた日露戦争戦没者慰霊祭への出席が主目的で、その折りにたまたま招かれて上田に寄って、恩師の赤松小三郎の地元が上田と知り、赤松家に弔慰金を支払ったのだと解釈されてきた。ところが鹿児島の池田米男氏によれば、将軍たちは、日露戦争後に、鹿児島で相談のうえ、墓参を兼ねて遺族を訪ねようと計画し、実行したとのことである。上田では、偶然を装って赤松の遺族と面会したかのようにふるまい、主目的がそれであったとは悟られないようにしていたのだ。三将軍たちの「芝居」は見事だったと言えよう。

なお、本書の刊行時、三将軍が上田にやって来たのは善光寺での戦没者慰霊祭からの「帰路」と書いてしまっているが、上田に来たのは慰霊祭への行きがけの往路の誤りであった。これについては二刷の段階で修正した。お詫びしたい。

桐野利秋の自責の念

池田米男氏は、篠原国幹が赤松の死を惜しみつつ薩摩藩を守るため涙を呑んで箝口令を布いたという事実や、桐野利秋が病を発した際、「赤松が来た、小三郎が来た」と連呼し、うなされていたというエピソードなども物語っている。

桐野が自責の念に苦しんでいたという事実は、文部省維新史料編纂課の松尾茂氏の証言に、桐野が山縣有朋に対し「こんなに早く幕府が倒れるなら、(赤松を)殺さなくてもよかった、惜しいことをした」と愚痴っていた、というエピソードとも符合する。

山縣有朋は、明治五年(一八七二)、長州閥の御用商人・山城屋と組んで陸軍省の公金を横領した汚職事件(山城屋事件)で、いったん失脚した。しかし陸軍省の事務方が人材難であることから、西郷隆盛が温情をかけて山縣をすぐに復活させてしまっていた。桐野は山縣の復活に反対していたから、赤松が生きていたら山縣ごときが大きな顔をすることもなかったのに……、という後悔の念を込めて、この発言をしたのではないだろうか。赤松小三郎を暗殺するという決断には、薩摩の内部事情のみならず、長州側からの圧力も作用していたということは、こうした桐野の発言からもうかがわれるのである。

赤松小三郎が薩摩に招かれた時期について

赤松小三郎が、いつから京都の薩摩藩邸で教えはじめたのか。史料から確実にわかることは、本書でも紹介したとおり、『大久保利通関係文書』（五）にある慶応二年（一八六六）一〇月一七日と同一九日の薩摩江戸留守居役の新納嘉藤二の書簡である。薩摩は、この時に初めて赤松を招請しようと打診している。しかし、いつ赤松が受諾したのか詳しいことがわからなかった。

出版当時に見落としていたが、松尾茂氏（文部省維新史料編纂課）が大正一五年（一九二六）に『上田郷友会月報』に寄稿した「赤松先生と福井藩」という記事があった。そこに福井藩側用人・酒井十之丞の書簡が紹介されていた。福井藩は慶応二年の一一月一六日、京都にいた赤松が「兵学巧者」であると知って、藩に招請しようとしていた。そこで福井藩士の青山小三郎が、赤松について調べたところ「元来薩摩より差留置候もの」と報告されている（『上田郷友会月報』大正一五年四月号および五月号）。福井が慶応二年一一月一六日に招こうとした時に、薩摩が先に「差留置」という状態だった。とすれば、赤松が京都の薩摩藩に招請されたのは、一〇月一九日から一一月一六日の一か月の間のいつかという結論になる。もし福井藩が先に赤松小三郎に声をかけていたら、赤松の運命もまた変わったものになっていただろう。

本書に対する諸批判への回答

共産党支持者からの批判

共産党支持者の方々からは、「たまたま宮本顕治が長州出身であるからといって、共産党を長州左派などと呼ぶのは、あまりにも乱暴ではないか」といった批判も受けた。

私が、共産党系の講座派マルクス主義史学を「長州左派」、その歴史理論を「長州史観」と呼ぶのは、それを主張する歴史学者や政治家が長州出身者であるからではなく、明治維新を長州中心に論じるか否かの問題である。戦後における講座派の明治維新論の定型を生み出したのは、遠山茂樹氏の『明治維新』（岩波書店、一九五一年）であろう。遠山氏は、維新変革の主体を、長州の尊攘派が水戸学的な大義名分論を乗り越えて、倒幕派へと転換していく過程にあると論じた。

講座派は、「維新変革」の主体を長州中心に論じ、それゆえ「佐幕派」というレッテルを貼られた諸藩の研究を、決定的に遅らせる空気を生み出してしまった。例えば、出自が講座派の歴史学者である松浦玲氏は、一九七〇年の著作で次のように述べている。

これまで、長州の尊攘激派が倒幕派に転化していくコースが明治維新の主流だと考えられ、その政治の力学を理解できないものは明治維新を語る資格がないと思われる傾きが強かった。（松浦玲『日本の名著30　佐久間象山・横井小楠』中央公論、81頁）

当時の講座派の雰囲気がよくわかる。戦後の講座派内では、禁門の変にせよ下関戦争にせよ、その行為がどんなに乱暴なように見えても、その政治力学の中から明治維新が生まれたのであり、それが評価できないようなら明治維新研究者としては失格であるとされてきた。

こうした空気の中では、赤松小三郎が忘却されてきたのも当然であった。「封建制の後は絶対主義体制に向かうのが歴史の必然」といった、マルクス主義史的唯物論の紋切り型の歴史解釈は不毛であり、学問に発展をもたらさない。歴史法則主義は誤りである。現実の歴史は、分岐点が次から次へと現われるなかで、複雑な人間ドラマが展開され、多分に偶然性も作用し、複数の選択肢の中から一つの途が選択されていくプロセス、すなわち複雑系なのだ。

村田新八らの大久保利通宛書簡について

本書に対してなされていた批判の中で、私が史料を自身に都合のよいように曲解しているというものがあった。具体的には、本書で紹介した、内田仲之助（政風）、村田新八、田中清之進の三名が、大久保一蔵（利通）と吉井幸輔（友実）に対して出した年代不詳の六月七日付の書簡について、私の解釈が間違っているとネット上で批判されている。

この書簡中に「可然先生御雇之儀如何可有之哉諸生衆被聞合先生罷在候ハ、是仕合之事ニ付精々探索被致候」とあることについて、私は、大久保と吉井が赤松を怪しんで「探索」を命じたのであろうと推測した。これに対して批判者たちは、この書簡は慶応二年（一八六六）六月七日のものであり、これから薩摩藩邸内に塾を新しく設置するのに対し、先生を誰にすべきなのか「探索されたい」という文章なのだと解釈し、私が間違っている、と批判するわけである。慶応三年（一八六七）六月ならば、すでに塾はあり、慶応二年であれば、まだ塾は出来ていない。

ネット上で、この点を指摘して執拗に私を攻撃している方々がいる。確かに、書簡の中のこの一節だけ取り出せば、そのような解釈も成立する余地はある。私も、その可能性も念頭に入れて読んだ。しかし、この書簡全体を見渡せば、慶応二年のものと解釈するのは不可能であることは明らかになる。批判者たちは、問題の書簡の他の部分をまったく読まないまま、この部分だけの解釈で、私を攻撃しているようである。この書簡の全文を以下に掲載させていただく。以下、『大久保利通関係文書（五）』（日本史籍協会編、三〇六頁）の内田・村田・田中の大久保・吉井宛て書簡の全文を紹介する。読者の方々にもご判断も仰ぎたい。

尊翰拝見仕候処御堅栄被成御奉職奉敬賀候、先夜は参上候処珍御料理預御振舞厚御礼申上候、然は諸生衆一条ニ付御ヶ条を以被示聞委細承知仕候

一、御邸内塾一ヶ所被召立候儀は則出来可仕候、可然先生御雇之儀如何可有之哉諸生衆被聞合先生罷在候ハ、是仕合之事ニ付精々探索被致候様有之度此方ニ而も同様可仕候

一、昇平其外入塾之一条ハいつれ公用方ゟ願書不差出候而ハ不相済事候付初発ゟ其通取計候事ニ御座候、外塾之方も相対ニ而致候得ハ公用方ゟ添翰を以同様ニいたし来候

一、日を空敷相送候は実以気毒ニ候得共何分ニも御存通之世態中サハ上早之泥庭同然ニ而上向は静謐に相見得候共人気紛擾ニ而いまた先生共塾張候ものも無之張候ものは家内狭少等ニ而断候由いたし方無御座候、いつれ諸生衆ゟ人物聞合之上被申出候ハヽ御類入之手数ハ可仕と存候事

一、月俸五両ツヽニ而随分出来可申乍併夫は其人々之所作次第と存候事

一、書籍官ゟ相渡候事ニ候事

一、書籍散乱不致儀ハ夫々規則相立置申候、御邸内に塾相立候ハヽ其上猶亦其規則相立候儀は当然之事ニ御座候

右之通貴答迄任取込早々不悉

六月七日

内田仲之助
村田新八
田中清之進

大久保一蔵様
吉井幸輔様
貴答

この謎めいた書簡において、箇条書きで六点の内容が記されている。一点目に出てくる「探索」については、先に述べたように二通りの解釈が成立する余地はあろう。二点目に「昇平其外入塾」云々とある。この「昇平其外」とは誰を指すのか不明であるが、入塾したいという希望者がおり、公用方の判断を仰いでいる様子である。

そして三点目に「家内狭少等ニ而断候由いたし方無御座候」という記述がある。入塾希望者は「家内狭少（藩邸内が狭い）」ことを理由に断わるという意味にしか取れない。まだ塾が出来ていないのであれば、家内が手狭かどうかという判断をする段階ではないはずである。そもそも塾が手狭になったのは、慶応三年四月に、島津久光が国元から七〇〇名の薩摩藩兵を率いて上洛したからであって、慶応二年には「手狭」になるだけの薩摩藩兵もいない。塾がすでにあるから、「手狭」といった判断が成立するのだ。また、「いまた先生共塾張候もの」という記述も、赤松の門人の他藩士を指しているとしか思えない。

四点目の「月俸五両」云々とあるのは、大久保らが赤松小三郎に対する報酬として月五両も出すのは高すぎる、と文句を言っているとしか思えない。「所作次第」とあるのは、報酬が高いか低いかは、パフォーマンス次第であるから、それを見て判断してくれと内田・村田らが弁明しているのであろう。

この書簡が慶応三年のものと判断できる決定的な記述は、五点目の「書籍官ゟ相渡……」と、六点目の「書籍散乱不致儀……」である。赤松が薩摩藩から依頼されて、新訳の『英国歩兵練法』を出版したのは、慶応三年五月である。これは門外に流出しないよう、薩摩藩によって厳重に情報統制されていたことが知られている。藩の「書籍官」から「相渡」し、「散乱」せぬようにと注意を促す書籍は、『英国歩兵練法』でしかあり得ないだろう。この書簡が慶応三年六月なら、『英国歩兵練法』出版の翌月であるから、文脈的にまったく符合する。

この書簡を慶応二年のものであると主張するならば、この年の六月に、薩摩が「散乱」に神経を尖らす書籍など他に何かあったのか、具体的に明らかにしてほしいものである。批判をするなら、せめてその文書の全体を十分に読み込んでからしていただきたい。

この書簡に「赤松小三郎」や『英国歩兵練法』といった固有名詞が出てこないのは、薩摩の軍事機密に属することゆえ、細心の注意が払われていたからであろう。本書で述べたとおり、薩摩藩邸内における赤松の関係史料は焼却処分にされた。この書簡は、固有名詞が書き込まれていなかったことが幸いして、焼却を逃れて残ったのではないかと思われる。

赤松小三郎の遺品が上田に帰る

最近の赤松小三郎の関係の出来事として、上田から流出していた赤松の遺品のいくつかを、私も属する赤松小三郎研究会の有志で資金を出し合い買い取って、上田市立博物館に寄託したことがある。これまでに買い取った

上田市立博物館に寄託した赤松小三郎遺品。ミニエー銃、八分儀、弾薬箱の３点。

のは、赤松のミニエー銃（エンフィールド銃）、航海用の八分儀、弾薬箱の三点である。二〇二〇年一月から上田市立博物館で公開がはじまった。

これらの品々は、もともと赤松家にあったものであるが、上田のコレクター（故人）の手に渡り、さらにそのコレクターから県外のコレクターの手に渡っていた。上田から流出した赤松の遺品はほかにもあり、広く市民からもカンパを集めて、今後とも買い取りを進めていきたいと考えている。

八分儀はアメリカのニューヨーク製で、「宇宙堂」というラベルが貼ってある。「宇宙堂」は赤松小三郎の師匠であった数学者の内田弥太郎の号であり、赤松も学んだマテマテカ塾の備品だったと思われる。史料を探すと、年月不詳の、赤松の実父・芦田勘兵衛から清次郎（赤松小三郎）宛ての手紙の中に、「量蓋オクタント借用の由、折角出精致すべく候」とあるのを見つけた（上田市立博物館編『赤松小三郎・松平忠厚』七頁）。この八分儀（オクタント）の出所が内田弥太郎であることが、史料的にも裏付けられたのである。書かれている内容から、この手紙はペリー来航以前のもので、赤松は弱冠二〇歳前後だった。赤松は、師匠の内田弥太郎からオクタント（＝八分儀）を借りたことが、よほどうれしくて、実家のお父さんに手紙で報告していたようなのである。驚くのは、内田のマテマテカ塾には、ペリー来航以前からニューヨーク製の八分儀が備品としてあり、塾生たちは、これで天体観測から緯度経度の測定まで実習として行なっていた、という事実である。

弾薬箱は、肩ひもが付いた背負い式であり、「海軍兵器局　百九二号」と朱書きされている。なぜ上田に「海軍兵器局」と書かれた弾薬箱があったのだろうか。長崎海軍伝習所で使用され、閉鎖の際に赤松が一つもらって上田に持ち帰ったと考えるのが、もっともあり得そうなストーリーである。これらの赤松小三郎の遺品の由来についても、調査・研究すべきことが多い。

最後に、本書の謝辞で名前を挙げさせていただいた赤松小三郎研究会の宮原安春氏（ノンフィクション作家）、研究会の初代会長・丸山瑛一氏（理化学研究所特別顧問）が、本書の刊行後に永眠された。上田の地元で赤松小三郎顕彰会を立ち上げ、初代会長を務めてこられた伊東邦夫氏も永眠された。赤松小三郎の名が、今日のように広まってきたのも一重に、これら先人の方々の努力の成果である。謹んでご冥福をお祈り申し上げたい。

（二〇二〇年二月二七日）

付録
巻末資料

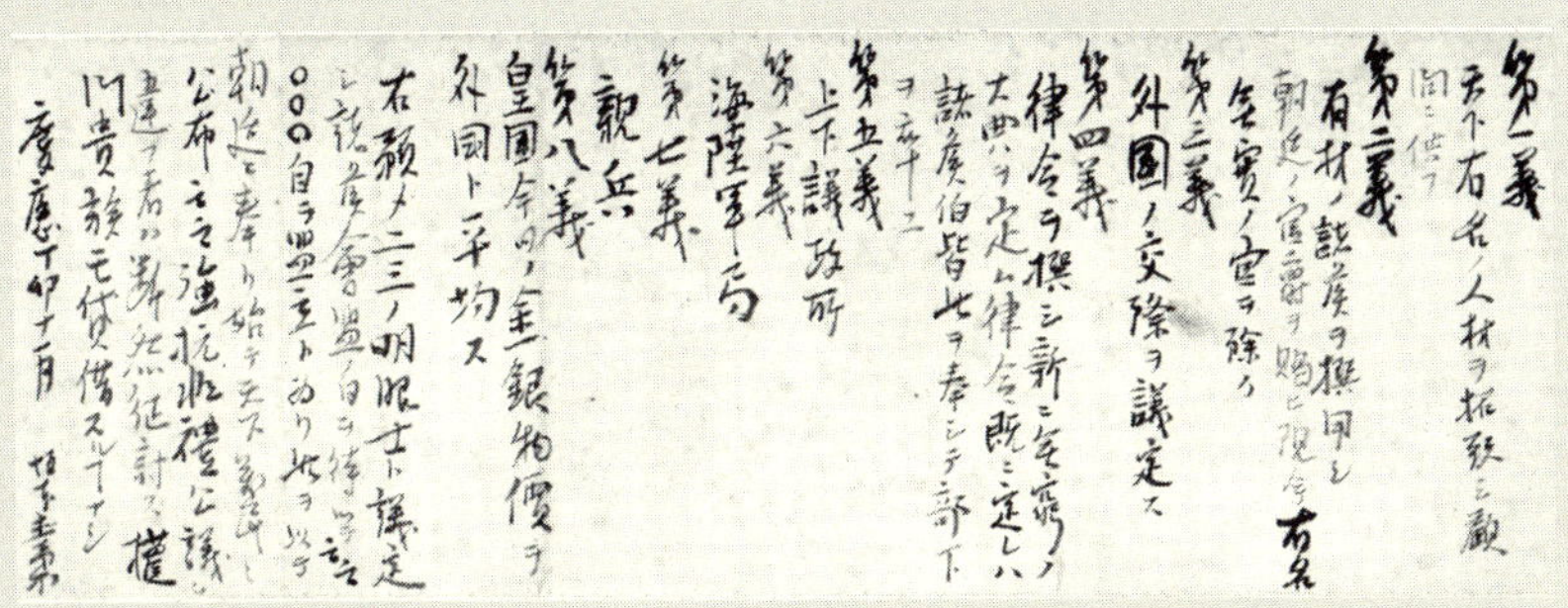

第一義
天下有名ノ人材ヲ招致シ顧問ニ供フ
第二義
有材ノ諸侯ヲ撰用シ朝廷ノ官爵ヲ賜ヒ現今有名無実ノ官ヲ除ク
第三義
外國ノ交際ヲ議定ス
第四義
律令ヲ撰シ新ニ無窮ノ大典ヲ定ム律令既ニ定レハ諸侯伯皆此ヲ奉シテ部下ヲ率ス
第五義
上下議政所
第六義
海陸軍局
第七義
親兵
第八義
皇國今日ノ金銀物價ヲ外國ト平均ス
右預メ二三ノ明眼士ト議定シ諸侯會盟ノ日ヲ待ツテ云々〇〇〇自ラ盟主ト為リ此ヲ以テ朝廷ニ奉リ始テ天下萬民ニ公布云々強抗非禮公議ニ違フ者ハ断然征討ス權門貴族モ貸借スルコトナシ
慶應丁卯十一月　坂本直柔

坂本龍馬「新政府綱領八策」
大政奉還後の慶応3年11月、新政権の指針として坂本龍馬が記したもの。国立国会図書館所蔵。先行する赤松小三郎「御改正口上書」や薩土盟約「約定書」に比べると、国民の参政権や選挙は盛り込まれておらず、理念的に後退している。

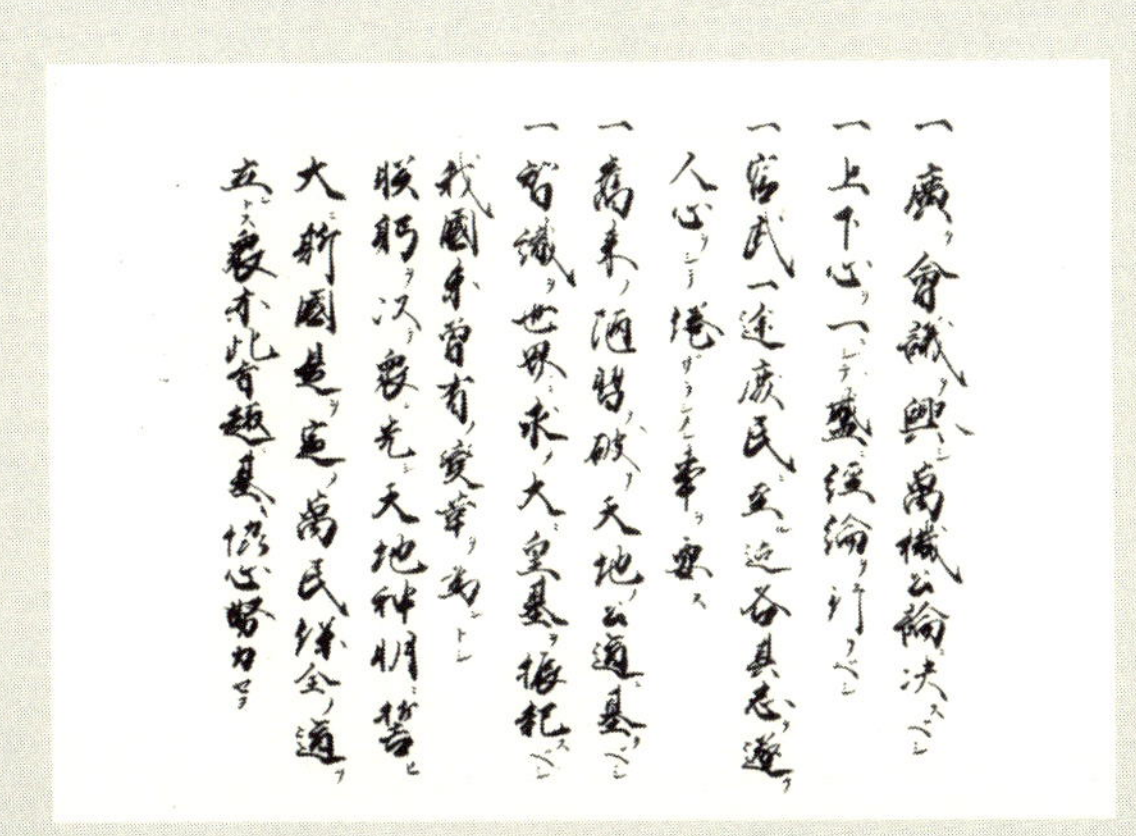

一 廣ク會議ヲ興シ萬機公論ニ決スヘシ
一 上下心ヲ一ニシテ盛ニ經綸ヲ行フヘシ
一 官武一途庶民ニ至ル迄各其志ヲ遂ケ人心ヲシテ倦マサラシメン事ヲ要ス
一 舊來ノ陋習ヲ破リ天地ノ公道ニ基クヘシ
一 智識ヲ世界ニ求メ大ニ皇基ヲ振起スヘシ
我國未曾有ノ變革ヲ為ントシ朕躬ヲ以テ衆ニ先シ天地神明ニ誓ヒ大ニ斯國是ヲ定メ萬民保全ノ道ヲ立ントス衆亦此旨趣ニ基キ協心努力セヨ

「五箇条の御誓文」

明治元年3月13日（旧暦）、明治天皇の勅命により有栖川宮幟仁親王が揮毫した原本。「高松宮蔵版　幟仁親王行實」1933年出版より。議会開設や憲法制定などは盛り込まれず、坂本龍馬の八策より、さらに後退している。

1……赤松小三郎「数件御改正之儀奉申上候口上書」慶応三年五月

一　天幕御合体、諸藩一和御国体相立候根本ハ、先
天朝之権を増し徳を奉備、并ニ公平ニ国事を議し、国中ニ実ニ可被行命令を下して、少も背く事能ハさるの権有る局を御開立相成候事、
蓋権之帰すると申ハ、道理ニ叶候公平之命を下し候へハ、国中之人民承服仕候ハ必然之理ニ候、第一
天朝ニ徳と権とを備へ候ニハ
天子ニ侍する宰相ハ　大君・堂上方・諸侯方・御旗本之内、道理ニ明ニして方今之事務ニ通し、万国之事情を知り候人を撰て六人を侍せしめ、一人ハ大閣老ニ而国政を司り、一人ハ銭貨出納を司り、一人ハ外国交際を司り、一人ハ海陸軍事を司り、一人ハ刑法を司り、一人ハ租税を司る宰相とし、其以下之諸官吏も皆門閥を論せす人撰して
天子を補佐し奉り、是を国中之政事を司り且命令を出す朝廷と定め、亦別ニ議政局を立て、上下二局ニ分ち、其下局ハ国之大小ニ応して諸国より数人ツヽ道理ニ明なる人を自国及隣国之入札ニ而撰抽し、凡百三十人を命し、常ニ其三分之一ハ都府ニ在らしめ、年限を定めて勤めしむへし、其上局ハ堂上方・諸侯・御旗本之内ニ而入札を以て人撰し、凡三十人を命せられ、交代在都して勤むへし、此両局ニて総而国事を議し、決議之上
天朝へ建白し、御許容之上、

天朝より国中ニ命し、若し御許容無きヶ条ハ、議政局ニ而再議し、弥公平之説ニ帰すれハ、此令ハ是非共下さゝることを得さる事を
天朝へ建白して、直ニ議政局より国中ニ布告すへし、其両局人撰之法ハ、門閥貴賤ニ拘らす、道理を明弁し、私無く且人望之帰する人を公平ニ撰むへし、其局之主務ハ旧例之失を改め、万国普通之法律を立、并ニ諸官之人撰を司り、万国交際、財貨出入、富国強兵、人才教育、人気一和之法律を立候を司り候儀、御開成相成候儀、御国是之基本かと奉存候、

一　人才御教育之儀、御国是相立候基本ニ御座候事、
国中人才を育候法ハ、江戸・京・大坂・長崎・函館・新潟等之首府江ハ大小学校を営ミ、各之大学校ニハ、用立候西洋人数人ツヽを雇ひ、国中有志之者を教導せしめ、大坂ニ兵学校を建、各学科毎ニ洋人数人ツヽを雇ひ、国中兵事ニ志有る者を御教育相成、且国中ニ法律学、度量学を盛ニし、其上漸々諸学校を増し、国中之人民を文明ニ育候儀、治国之基礎ニ可有之候、

一　国中之人民平等ニ御撫育相成、人々其性ニ準て充分を尽させ候事、
蓋是迄人々性ニ応して力を尽し候儀不同有之、遊民多くして農而已多く労し、他之諸民ハ運上少く候へハ、第一百姓之年貢掛り米を減し、士・商・工・僧・山伏・社人之類迄、諸民諸物ニ運上を賦し、遊楽不要ニ関り候諸業諸品ハ運上之割合を強くし、諸民平等ニ職務ニ尽力し、士ハ殊ニ務を繁くし、国中之遊民・僧・山伏・社人・風流人・遊芸之師匠之類ニハ夫々有用之職業を授け候御所置、治国之本源ニ可有之候、

一　是迄之通用金銀総而御改、万国普通之銭貨御通用相成、国中之人口と物品と銭貨と平均を得候様御算

定之事、
銭貨ハ天地之形像ニ準して、万国一般円形ニ造り、且万国大凡普通之相場有之候ヘハ、是ニ準し銀貨・金貨・銅貨之割合大凡西洋各国と同様ニ御吹替、其大小品位も同等に造らす候てハ、往々万国之交際ニ不斉を生し、且交易通商之上ニ損害可有之かと奉存候、亦国中人口ニ比すれは銭貨不足せり、器財物品之不足なること甚し、故ニ銭貨を増し物品製造之術を大ニ盛ニするに非れハ、平均ニ至る事難かるへし、

一 海陸軍御兵備之儀ハ、治世と乱世との法を別ち、国の貧富ニ応して御算定之事、
蓋兵ハ数寡くして、利器を備へ熟練せるを上とす、方今之形勢ニ準し候ハヽ、陸軍治平常備之兵数ハ都而凡二万八千許、内歩兵二万千許・砲兵四千許・騎兵二千許、他ハ築造兵・運輸兵等とすへし、右ハ幕臣及諸藩より直ニ用立候熟兵を出し置、四年毎ニ交代せしめ、其隊長其他之官吏ハ業と人望ニ応して天朝より命せられ、望ニ応して長く勤めしむ、其兵ハ三都其外要地ニ在て警衛を職とし、此常備兵之外、士ハ勿論諸民共其土地へ教師を命し遣して平常操練せしめ、且有志之者ハ長官学校ニ入て学ハしめ、亦士ニ而も望ニ応して職業・商売勝手次第行ハしめて、往々士を減すへし、海軍ハ速ニ開け難し、先海軍局へ洋人を数人御雇ひ、国中望之者其外合而三千人に命して長官より水卒迄之業を学ハしめ、業之成立ニ準て新に艦を造り、亦ハ外国より買て備ふへし、即今常備之海軍は、是迄御有合之御艦ニ人を撰て乗組を命し、用立候程ニ修覆し砲を増て備ふへし、尚国力之増すニ従て兵制を改め、兵備も充分ニ相増し、殊ニ乱世ニハ国中之男子尽く兵ニ用立候程ニ御備之御所置有之候儀、御兵制之大本ニ御座候、

一 船艦并ニ大小銃其外兵器、或ハ常用之諸器械、衣食等製造之機関、初ハ外国より御取寄せ、国中是ニ

依而物品に不足無き様御所置之事、
諸物製造之局ハ、運輸便利之地を撰て諸所ニ造営し、各局ニ西洋人を雇て伝習せしめ、国中ニ職人を増し、盛ニ諸物を製し候へハ、海陸兵用之利器海内ニ満足し、日用之諸品廉価ニして良品を得へし、其洋人を雇ふの費ハ、職人一人一ヶ月之雇価・食料合而凡二百より二百五十両許なるへし、此金ハ日本在留中大凡費すへけれは外国に持帰る貨ハ些少なるへし、故ニ洋人を雇ふを少も厭ふへきにあらす、諸品製造局ハ往々是非開かさるを得さる事なれハ、此節速ニ御開相成候儀、当然と奉存候、

一　良質之人馬及鳥獣之類御殖種之事、
蓋欧羅巴人種ハ亜細亜人種ニ勝ること現然ニ候へハ、国中ニ良種之人を殖育し候へハ、自然人才相増し、往々良国と相成候理ニ候、亦軍馬ハ外国之良種ニ無之候てハ実用ニハ不便ニ御座候、又牛・羊・鶏・豕之類、衣食ニ用て有益之種類を殖育し、往々国民皆牛・豕・鶏等之美食を常とし、羊毛ニ而織候美服を着候様改め候へハ、器量も従て相増し、身体も健強に相成、富国強兵之基ニ可有之候、

此他御改正相成候而も国風人性ニ逆ハさる事件、何程も可有之候へハ、方今無障事件丈ハ速ニ御改正相成、其他即今難行事ハ、人智之開け候ニ応して、漸々御改正相成候儀、天理自然ニ可有之奉存候、斯く御国政ニも関り候儀を奉申上候ハ甚奉恐入候得共、心付候儀を黙止仕候も却而不本意と奉存候間、乍恐浅見之一二端奉申上候、何卒右件々被遊御尽力、方今適当万国普通公平之御国律相立、
天幕御合体、諸藩一和相成候様奉懇願候、昧死稽首、

慶応三年丁卯五月

松平伊賀守内　赤松小三郎

（出所）『鹿児島県史料　玉里島津家史料　五』鹿児島県歴史資料センター黎明館編、一九九六年：一九四―一九八頁。

2……薩土盟約「約定書」慶応三年六月二六日

方今皇国ノ務、国体制度ヲ糺正シ、万国ニ臨テ不恥、是第一義トス、其要王制復古、宇内ノ形勢ヲ参酌シ、天下後世ニ至テ、猶其遺憾ナキノ大条理ヲ以テ処セン、国ニ二王ナシ、家ニ二主ナシ、政権一君ニ帰ス、是其大条理、我皇家綿々一系、万古不易、然ルニ古郡県ノ政変シテ今封建ノ体ト成ル、大政遂ニ幕府ニ帰ス、上皇帝在ヲ不知、是ヲ地球上ニ考フルニ、其国体制度、如茲者アラン歟、然則制度一新、政権朝ニ帰シ、諸侯会議、人民共和、然後庶幾以テ万国ニ臨テ不恥、是ヲ以テ初テ我皇国ノ国体、特立スル者ト云ヘシ、若二三ノ事件ヲ執リ、喋々曲直ヲ抗論シ、朝幕諸侯倶ニ相弁難、枝葉ニ馳セ小条理ニ止ル、却テ皇国ノ大基本ヲ失ス、豈本志ナランヤ、爾後執心公平所見万国ニ存ス、此大条理ヲ以テ此大基本ヲ立ツ、今日堂々諸侯ノ責ノミ、成否顧ル所ニアラス、斃而後已ン、今般更始一新、我皇国之興復ヲ謀リ、奸邪ヲ除キ明良ヲ挙ケ、治平ヲ求メ、天下万民ノ為ニ、寛仁明恕ノ政ヲ為ントテ、此法則ヲ定ルコト左ノ如シ

一、天下ノ大政ヲ議定スル全権ハ朝廷ニ在リ、我皇国ノ制度法則一切ノ万機、京師ノ議事堂ヨリ出ルヲ要

ス

一、議事院ヲ建立スルハ宜ク諸藩ヨリ其入費ヲ貢献スヘシ
一、議事院上下ヲ分チ、議事官ハ上公卿ヨリ、下陪臣庶民ニ至ル迄、正義純粋ノ者ヲ撰挙シ、尚且諸侯モ自ラ其職掌ニ因テ、上院ノ任ニ充ツ
一、将軍職ヲ以テ、天下ノ万機ヲ掌握スルノ理ナシ、自今宜ク其職ヲ辞シテ、諸侯ノ列ニ帰順シ、政権ヲ朝廷ニ帰ス可キハ勿論ナリ
一、各港外国ノ条約ハ、兵庫港ニ於テ新ニ朝廷ノ大臣、諸侯ノ士大夫ト衆合シ、道理明白ニ新約定ヲ立テ、誠実ノ商法ヲ行フヘシ
一、朝廷ノ制度法則ハ、往昔ヨリノ律令アリトイヘトモ、当今ノ時務ニ参シ、或ハ当ラサル者アリ、宜ク其弊風ヲ一新改革シテ、地球上ニ愧(は)サルノ国本ヲ建ン
一、此皇国復興ノ議事ニ関係スル士大夫ハ、私意ヲ去リ公平ニ基キ、術策ヲ設ケス、正実ヲ貴ヒ、既往是非曲直ヲ不問、人心一和ヲ主トシテ此議論ヲ定ムヘシ

右議定セル盟約ハ、方今ノ急務、天下ノ大事、之ニ如ク者ナシ、故ニ一旦盟約決議ノ上ハ、何ソ其事ノ成敗利鈍ヲ視ンヤ、唯一心協力永ク貫徹セン事ヲ要ス

慶応丁卯六月

（原史料）『玉里島津家史料補遺』
（出所）佐々木克『幕末政治と薩摩藩』吉川弘文館、二〇〇四年：三六九―三七〇頁。

3……坂本龍馬「新政府綱領八策」慶応三年一一月上旬

第一義　天下有名ノ人材ヲ招致シ顧問ニ供フ
第二義　有材ノ諸侯ヲ撰用シ
　　　　朝廷ノ官爵ヲ賜ヒ現今有名無実ノ官ヲ除ク
第三義　外国ノ交際ヲ議定ス
第四義　律令ヲ撰シ新ニ無窮ノ大典ヲ定ム律令既ニ定レハ諸侯伯皆此ヲ奉シテ部下ヲ率ス
第五義　上下議政所
第六義　海陸軍局
第七義　親兵
第八義　皇国今日ノ金銀物価ヲ外国ト平均ス

右預メ二三ノ明眼士ト議定シ諸侯会盟ノ日ヲ待ツテ云云　〇〇〇自ラ盟主ト為リ此ヲ以テ
朝廷ニ奉リ始テ天下萬民ニ公布云云　強抗非礼公議ニ違フ者ハ断然征討ス権門貴族モ貸借スル事ナシ

慶応丁卯十一月　坂本直柔

（出所）『坂本龍馬関係文書（一）』日本史籍協会編、北泉社、一九九六年（原著 大正一五年）：四二七―四二八頁。

4……五箇条の御誓文　慶応四年三月一四日

一　広ク会議ヲ興シ、万機公論ニ決スベシ。
一　上下心ヲ一ニシテ、盛ニ経綸ヲ行フベシ。
一　官武一途庶民ニ至ル迄、各其志ヲ遂ゲ、人心ヲシテ倦マザラシメン事ヲ要ス。
一　旧来ノ陋習ヲ破リ、天地ノ公道ニ基クベシ。
一　智識ヲ世界ニ求メ、大ニ皇基ヲ振起スベシ。

我国未曾有ノ変革ヲ為ントシ、朕躬ヲ以テ衆ニ先ジ、天地神明ニ誓ヒ、大ニ斯国是ヲ定メ、万民保全ノ道ヲ立ントス。衆亦此旨趣ニ基キ、協心努力セヨ。

慶応四年三月十四日

（出所）維新史料編纂会『維新史（第五巻）』文部省、一九四一年：三九〇－三九一頁

赤松小三郎略年譜

＊月については、一八七二年（明治五年）までは旧暦で、以降は新暦で記した。

西暦（元号）	赤松小三郎をめぐる出来事	本書に登場するその他の主な出来事
1831年（天保2年）	4月、芦田清次郎、信州上田の下級武士・芦田勘兵衛の次男として城下の木町に生まれる。	
1848年（嘉永1年）	江戸に出て数学者内田弥太郎のマテマテカ塾に入る。	松平忠優、老中に就任。
1852年（嘉永5年）	西洋兵学者の下曾根信敦に入門。	
1853年（嘉永6年）		6月、米国のペリー艦隊浦賀に来航。松平忠優は開国・通商を唱えて徳川斉昭と対立。
1854年（嘉永7年）	春、上田の下級武士・赤松弘の養子となる。	3月、日米和親条約締結。
	勝海舟に入門（正確な時期は不詳）。	
1855年（安政2年）	9月、勝海舟の従者として長崎海軍伝習所に赴く。	8月、徳川斉昭により、松平忠優、老中を罷免される。
1857年（安政4年）	7月、オランダの兵書『新銃射放論』を翻訳。	6月、松平忠固（忠優改め）、再び老中に就任。 7月、上田の櫻井純造と恒川才八郎が萩の吉田松陰のもとを訪れ、松平忠固の真意を松陰に説明。
1858年（安政5年）	オランダの兵書『矢ごろのかね　小銃彀率』を翻訳出版。	松平忠固は条約への勅許不要論を唱える。堀田正睦は天皇の勅許を得ようと工作するも失敗。

		6月、日米修好通商条約調印。直後、井伊直弼により松平忠固と堀田正睦が老中失脚。
1859年（安政6年）	4月、長崎海軍伝習所閉鎖により江戸へ帰る。咸臨丸への乗船を希望するも選抜されず。	9月、松平忠固急死。長男の忠礼が跡を継ぐ。 10月、吉田松陰処刑。
1860年（万延1年）	3月、養父弘の病没により赤松家を相続。赤松清次郎となる。	
1861年（文久1年）	1月、小三郎と改名。	
1862年（文久2年）	上田で調練調方御用掛となる。	伊藤俊輔（博文）、塙次郎暗殺。高杉晋作、宇野八郎暗殺。 12月、久坂玄瑞、高杉晋作、伊藤俊輔ら英国公使館焼き討ち。
1863年（文久3年）	1月、上田で砲銃道具製作御掛に任命される。久坂玄瑞の様子を米国公使館警護の任についていた兄に報告。 春、松代真田家臣白石久左衛門の娘たかと結婚。佐久間象山と対面。	1月、久坂玄瑞が松代の佐久間象山、上田の櫻井純造、恒川才八郎を訪問。
		5月、長州藩、下関で外国船を無差別砲撃。
1864年（文久4年）（元治1年）		1月、加徳丸事件。上関義勇隊が薩摩商船を襲撃。 5月、山口で楠公祭。吉田松陰らが「招魂」される。

	9月、第一次長州征伐に際し、公務として江戸へ出る。 11月、横浜のイギリスの騎兵士官アプリン大尉に入門、英語を教わる。	7月、佐久間象山、長州系尊攘浪士たちによって暗殺される。禁門の変、長州藩が京都御所を襲撃。 8月、下関戦争。四か国連合艦隊が下関砲台を占領。 7～12月、第一次長州征伐。
1865年（慶応1年）	野津七次（道貫）が小三郎に入門。 4月、第二次長州征伐に際し、大坂在陣。 7月、浅津富之助と共訳で『英国歩兵練法』翻訳出版開始。	
1866年（慶応2年）	3月、『英国歩兵練法』五編八冊完訳なる。 8月、徳川政権へ建白書「方今世上形勢の儀に付乍恐奉申上候口上書」を提出。長州征伐を批判。 9月、主君の松平忠礼に身分制度の撤廃と言論の自由を求める建白書を提出。 10月、薩摩から英国兵学の教官としてスカウトされる。この頃から京都の衣棚で開塾。 12月、開成所から教官採用の声がかかるが、上田藩がこれを断る。	5月、江戸協約。英国公使パークスの要求により日本の輸入関税率が二〇%から五%に削減される。 6～8月、第二次長州征伐。 福沢諭吉『西洋事情』を出版。 12月、孝明天皇崩御。
1867年	3月、この頃、山本覚馬の依頼で会津洋学校の顧問になる。	

（慶応3年）	5月、『重訂英国歩兵練法』七編九冊完成。公儀、越前の松平春嶽、薩摩の島津久光にそれぞれ議会政治を求める「御改正口上書」を提出。 8月、西郷隆盛らに対し、内戦の回避、「幕薩一和」を説得するが断念し、上田への帰国を決意。 9月、京都五条東洞院で中村半次郎、田代五郎左衛門に殺害される。	4月、島津久光、七〇〇名の薩摩藩兵と共に入京。 5月、四侯会議。 6月、薩土盟約締結。大久保一蔵（利通）ら、赤松小三郎の身辺の探索を命じる。 7月、アーネスト・サトウ、西郷に武力討幕を促す。 8月、薩摩の武力討幕派が長州との挙兵計画を策定。公儀目付・原市之進暗殺される。 9月、薩摩が土佐との盟約を破棄。 10月、土佐、単独で大政奉還建白書を公儀に提出。徳川慶喜が受け入れ、大政奉還。 12月、小御所会議、王政復古クーデター
1868年（慶応4年）（明治1年）		1月、鳥羽伏見の戦い。 3月、五箇条の御誓文。 閏4月、政体書布告。 6月、山本覚馬「管見」を提出。
1869年（明治2年）		6月、東京招魂社設立。 7月、太政官制導入。祭政一致体制を確立。

1872年（明治5年）		松平忠礼、忠厚兄弟、アメリカへ留学。
1874年（明治7年）		1月（新暦、以下同）、民撰議員設立建白書。 8月、宇加地新八の建言書。
1877年（明治10年）		西南戦争勃発。
1880年（明治13年）		2月、松平忠厚、アメリカで新しい測量器具を発明。
1881年（明治14年）		五日市憲法草案、植木枝盛「日本国国憲案」。加藤弘之の転向（『国体新論』を撤回）。
1882年（明治15年）		軍人勅諭。
1889年（明治22年）		2月、大日本帝国憲法公布。
1892年（明治25年）		2月、第二回衆議院議員選挙で内務大臣・品川弥二郎の大選挙干渉。死者二五人、負傷者三〇〇人以上。
1904年（明治37年）		日露戦争。
1906年（明治39年）	5月、東郷平八郎と上村彦之丞が上田を訪問。赤松小三郎に弔意を示す。	
1923年（大正13年）	2月、赤松小三郎に従五位が追贈される。	

参考文献一覧

【史料】

赤松小三郎「御改正之一二端奉申上候口上書」慶応三年五月一七日（『続再夢紀事（六）』、東京大学出版会、一九七七年復刻：二四五－二五二頁）

赤松小三郎「数件御改正之儀奉申上候口上書」慶応三年五月（『鹿児島県史料　玉里島津家史料（五）』鹿児島県歴史資料センター黎明館、一九九六年：一九四－一九八頁）

有馬藤太『維新史の片鱗』日本警察新聞社、一九二一年

維新史料編纂会『維新史　第五巻』文部省、一九四一年

植木枝盛「日本国国憲案」一八八一年（江村栄一『〈日本近代思想体系〉憲法構想』岩波書店、一九八九年）

宇加地新八「建言書」一八七四年八月（江村栄一『〈日本近代思想体系〉憲法構想』岩波書店、一九八九年）

『大久保利通関係文書（五）』立教大学日本史研究会編、吉川弘文館、一九七一年

加藤弘之「最新論」文久元年（江村栄一『〈日本近代思想体系〉憲法構想』岩波書店、一九八九年）

加藤弘之『国体新論』一八七五年（『明治文学全集三　明治啓蒙思想集』一九六七年、筑摩書房）

「可児春淋略歴」（東京大学史料編纂所「維新史料綱要」）

『西郷隆盛全集　第二巻』西郷隆盛全集編集委員会、大和書房、一九七七年

『坂本龍馬関係文書（一）』日本史籍協会編、北泉社、一九九六年（原著一九二六年）

サトウ、アーネスト（坂田精一訳）『一外交官の見た明治維新（上・下）』岩波文庫、一九六〇年

千葉卓三郎ほか「五日市憲法草案」一八八一年（江村栄一『〈日本近代思想体系〉憲法構想』岩波書店、一九八九年）
「品川弥二郎日記」『維新日乗纂輯』二、日本史籍協会、一九二六年
津田真道「日本国総制度」慶応三年九月（江村栄一『〈日本近代思想体系〉憲法構想』岩波書店、一九八九年）
「寺村左膳手記」『維新日乗纂輯』三、日本史籍協会、一九二六年
鳥取藩「慶応丁卯筆記」（東京大学史料編纂所「維新史料綱要」データベース）
中江藤樹「翁問答」『日本思想大系二九　中江藤樹』岩波書店、一九七四年
中原邦平『忠正公勤王事蹟』防長史談会、一九一一年
中原邦平『伊藤公実録』啓文社、一九一〇年
野津道貫関係文書『道貫公事蹟』国立国会図書館、憲政資料室
西周「議題草案」慶応三年一一月（東京大学史料編纂所「維新史料綱要」データベース）
西周「洋学を以て国語を書するの論」一八七三年四月（『明六雑誌（上）』岩波文庫、一九九九年）
広沢安宅『幕末會津志士傳　一名孤忠録』私家版、一九二三年
福沢諭吉『西洋事情』初版慶応二年七月（慶應義塾編纂『福沢諭吉全集　第一巻』岩波書店、一九六九年）
松平乗謨「病夫譫語」慶応三年一〇月一八日（東京大学史料編纂所「維新史料綱要」データベース）
ミットフォード、アルジャーノン・B．（長岡祥三訳）『英国外交官の見た幕末維新――リーズデイル卿回想録』講談社学術文庫、一九九八年
山本覚馬「時勢之儀ニ付拙見申上候書付」慶応四年三月（青山霞村『山本覚馬』同志社、一九二八年）
山本覚馬「管見」慶応四年六月（青山霞村『山本覚馬』同志社、一九二八年）
『吉田松陰全集』山口県教育会編、大和書房、一九七三年

〔文献（単行本）〕

青山忠正「慶応三年一二月九日の政変」明治維新史学会（編）『講座明治維新　第二巻　幕末政治と社会変動』有志舎、二〇一一年
赤松小三郎顕彰会『赤松小三郎実録』赤松小三郎顕彰会、二〇一三年
アンダーソン、ベネディクト（白石隆・白石さや訳）『定本・想像の共同体――ナショナリズムの起源と流行』書籍工房早山、二〇〇七年
安藤優一郎『西郷隆盛伝説の虚実』日本経済新聞出版社、二〇一四年
家近良樹『幕末政治と倒幕運動』吉川弘文館、一九九五年
石井孝『増訂・明治維新の国際的環境』吉川弘文館、一九六六年
板倉聖宣『模倣の時代（上・下）』仮説社、一九八八年
井出孫六『石橋湛山と小国主義』岩波ブックレット、二〇〇〇年
井上勝生『幕末維新政治史の研究』塙書房、一九九四年
井上勝生『シリーズ日本近現代史（1）　幕末・維新』岩波新書、二〇〇六年
上田市立博物館編『松平忠固・赤松小三郎――上田にみる近代の夜明け』上田市立博物館、一九九四年
上田市立博物館編『赤松小三郎・松平忠厚――維新変革前後　異才二人の生涯』上田市立博物館、二〇〇〇年
鵜飼政志『明治維新の国際舞台』有志舎、二〇一四年
大下英治『日本共産党の深層』イースト新書、二〇一四年
尾佐竹猛『維新前後に於ける立憲思想（前）』邦光堂、一九二五年
小島毅『靖国史観（増補版）』ちくま学芸文庫、二〇一四年
小林利通「赤松小三郎――議会政治の先唱者」『維新の信州人』信濃毎日新聞社、一九七四年

坂野潤治『日本憲政史』東京大学出版会、二〇〇八年
坂野潤治『西郷隆盛と明治維新』講談社現代新書、二〇一三年
佐々木克『幕末政治と薩摩藩』吉川弘文館、二〇〇四年
佐藤卓己『輿論と世論――日本的民意の系譜学』新潮選書、二〇〇八年
柴崎新一『赤松小三郎先生』信濃教育会編、一九三九年（復刻版・赤松小三郎顕彰会編、二〇一五年）
白井聡『永続敗戦論』太田出版、二〇一三年
関良基『自由貿易神話解体新書』花伝社、二〇一二年
立花隆『天皇と東大――大日本帝国の生と死（上）』文藝春秋、二〇〇五年
知野文哉『「坂本龍馬」の誕生』人文書院、二〇一三年
ディキンズ、F.V.（高梨健吉訳）『パークス伝』東洋文庫、一九八四年
奈良勝司『明治維新と世界認識体系』有志社、二〇一〇年
萩原延壽『遠い崖――アーネスト・サトウ日記抄 五』朝日文庫、二〇〇七年
樋口陽一『比較の中の日本国憲法』岩波新書、一九七九年
平山洋『「西洋事情」の衝撃と日本人』常葉叢書一二（アマゾン・キンドル）、二〇一三年
藤澤直枝『赤松小三郎先生』信濃教育会小県上田部会、一九三〇年
フランク、アンドレ・G.（山下範久訳）『リオリエント――アジア時代のグローバル・エコノミー』藤原書店、二〇〇〇年
堀雅昭『靖国誕生』弦書房、二〇一四年
松本健一『評伝　佐久間象山（上・下）』中公叢書、二〇〇〇年
宮地正人『幕末維新変革史（上・下）』岩波書店、二〇一二年
宮地正人『地域の視座から通史を撃て！』校倉書房、二〇一六年

宮本仲『佐久間象山（増補改訂版）』岩波書店、一九三六年
明治維新史学会（編）『講座明治維新　第二巻　幕末政治と社会変動』有志舎、二〇一一年

【雑誌】

『上田郷友会月報』一九〇六年五月号　「東郷上村両将軍の懐旧談」
『上田郷友会月報』一九一〇年九月号　「東郷大将の赤松先生談」
『上田郷友会月報』一九二八年七月号　「再び斬奸状に就いて」
『月刊日本』二〇一三年九月号
千野紫々男「幕末の先覚者　赤松小三郎」『伝記』南光社、一九三五年五月号、六月号

［著者紹介］

関 良基（せき・よしき）

1969年、信州上田生まれ。京都大学農学部林学科卒業。アテネオ・デ・マニラ大学フィリピン文化研究所客員研究員を経て、京都大学大学院農学研究科博士課程修了。博士（農学）。早稲田大学アジア太平洋研究センター助手、（財）地球環境戦略研究機関客員研究員などを経て、現在、拓殖大学教授。

［主な著書］

『社会的共通資本としての森』（宇沢弘文との共編著、東京大学出版会、2015年）

『社会的共通資本としての水』（共著、花伝社、2015年）

『自由貿易神話解体新書――「関税」こそが雇用と食と環境を守る』（花伝社、2012年）

『自由貿易という幻想――リストとケインズから「保護貿易」を再考する』（共著、藤原書店、2011年）

『中国の森林再生――社会主義と市場主義を超えて』（共著、御茶の水書房、2009年）

『複雑適応系における熱帯林の再生――違法伐採から持続可能な林業へ』（御茶の水書房、2005年）

ほか。

赤松小三郎と
もう一つの明治維新
——テロに葬られた立憲主義の夢

2016年12月20日　第1刷発行
2021年 9 月10日　第8刷発行

著者————関 良基

発行者———和田 肇
発行所———株式会社作品社
〒102-0072 東京都千代田区飯田橋 2-7-4
tel 03-3262-9753　fax 03-3262-9757
振替口座 00160-3-27183
http://www.sakuhinsha.com
編集担当——内田眞人
編集協力——杉山一樹
本文組版——有限会社閏月社
装丁————小川惟久
印刷・製本——シナノ印刷(株)

ISBN978-4-86182-604-7 C0021